Unlock Learning

特定分野の特異な才能への支援は、
すべての子どもの学びにつながる

鈴木秀樹
佐藤牧子 編著

金子書房

まえがき――見えなかった輝き「Ｕｎｌｏｃｋ Ｌｅａｒｎｉｎｇ」

「一念岩をも通す」とは、こういうことなのかもしれない。

鈴木秀樹さんが文部科学省の公募ページに「特定分野に特異な才能のある児童生徒への支援の推進事業[※注]」の情報を見つけてくれたときでした。ドキドキしながら公募要領を読み「この事業！私たち小金井小のために作られたのでしょうか！」と、口にしてしまうくらい心待ちにしていた事業だったのです。

きっかけは東京学芸大学附属小金井小学校がインクルーシブ教育システム構築事業に取り組み始めた二〇一四年に遡ります。学校の授業や行事などの決められた枠組みの中では、自分の力を発揮することが難しい子どもの存在があり、どう支援していけば、子どもたちの未来につながる支援になるのだろうと、答えが見つけられずにいました。

そんな中、二〇一八年からは「ＩＣＴ×インクルーシブ教育」をテーマに、学びに困難を抱える子どもにＩＣＴを活用した実践研究を始めました。ＩＣＴ環境が構築され、学習指導や学び方の選択肢ができると、困難を抱えた子どもは、みんなと学び合う姿が見られるようになりました。しかし「みんなと一緒」だけが正解ではありません。

例えば、発表することは得意だけれど話し合いは苦手で、何を話していいかわからず不安になったり疲れてしまったりする。また、好きなことは大人並みの知識や技能があるけれど、その力を学習や生活で生かす場面がなく、学習の評価は期待外れ。そうした困難を抱えている子どもは、みんなと同じような方法を取ってもうまくいきません。そんな見えにくい影の部分に光を当てたのが、今回取り組んだ事業です。

光が目に見えないところにも届けば、温もりを感じることができるようになります。見えないところに光を当てることで、見えなかった「好き」や「新たな価値」を見出す輝きにつながるのではないかと思います。

本書のタイトル「Ｕｎｌｏｃｋ Ｌｅａｒｎｉｎｇ（アンロック・ラーニング）」は、固定化された学校の枠組みや思い込みを見直し、学校ができる可能性を広げたいという想いからつけました。見えないところに光を届けるアンロック・ラーニングの試みをお伝えできればと思います。

佐藤牧子

［※注］

私たちが令和五・六年に取り組んだ文部科学省「特定分野に特異な才能のある児童生徒への支援の推進事業」は、特定分野に特異な才能はあるものの、認知・発達の特性等がゆえに、学習上・学校生活上の困難を抱えている児童生徒への支援を推進するための事業です。四つある課題の中で、私たちが取り組んだのは「特異な才能のある児童生徒に対する指導・支援に関する実証研究」でした。

目次

第1章

「特定分野に特異な才能のある子どもへの支援」までの道筋

「いつか小金井小でギフテッドの支援をしたいのです」というつぶやきが、六年以上の時間を経て「特定分野に特異な才能のある児童生徒への支援の推進事業」の取り組みへと繋がりました。第1章では、各章でどういった内容に触れていくかを紹介しながら、私たちがどのような問題意識を持って、どういった方向から「特定分野に特異な才能のある児童生徒への支援」に取り組もうとしているのかを明らかにしていきます。

すべてはICT×インクルーシブ教育から

●学校の枠組を柔軟に変えて見えてきたもの

私たちが「ICT×インクルーシブ教育」と銘打って、学びに困難を抱えた子どもの支援を目指して本格的な研究・実践を始めたのは二〇一八年ですが、実はその前から「ICTを活用して、学びに困難を抱えている子どもも学べるような環境を作れないだろうか」という試みは行っていました。そして、その文脈に従って支援してきた子どもの中には、これまでも特定分野に特異な才能のある子どもが含まれていました。

一例をあげれば、読み書きには非常に大きな困難を抱えていて、視覚的・聴覚的刺激に弱さがあるものの、プログラミングには非常に強く、完成度が高いゲームをいくつも作った子どもがいました。彼などは、まさしく特定分野に特異な才能のある子どもだったと言って良いと思います（彼について詳しくは第5章をご覧ください）。

彼に対して何の支援も行っていなかったら、おそらくは通常の学校教育のカリキュラムの中でかなりつらい思いをすることになったのではないかと思われます。しかし、ＩＣＴ×インクルーシブ教育の文脈でＧＩＧＡスクール構想実施前の低学年のときから「一人一台タブレット環境」で授業を受けることで自分の苦手を克服し、プログラミングという得意分野で活躍する機会を得て、彼は学業の面でも生活の面でも大きな成長を遂げて卒業していくことができました。

誤解しないでいただきたいのですが、彼のために特別なプログラミング教育を実施したというわけではありません（そんなノウハウはありませんし、彼の方があっという間に私たちを追い越していきました）。ただ、彼が自分の興味を伸ばしていくことを認める雰囲気作りには腐心しました。休み時間にずっとタブレットに向かってプログラミングに没頭していようと、作ったプログラムが重すぎてなかなか起動しなかったとしても、それらを周りの子どもも含めて「彼らしいね」と温かく見守るような雰囲気を醸成することにはかなり注力しました。「苦手なことはサポートしよう。そして好きなことを追求していける環境を整えよう。」というスタンスです。

そうしたことを進めながら私たちが目指していたのは、「学びに困難を抱えている子どもへの支援が、特に困難を抱えていない子どもにとっても好影響を及ぼし、一人一人の個性が尊重され、多様性が認められるインクルーシブな環境における教育」です。

これは「特定分野に特異な才能のある児童生徒に対する学校における指導・支援の在り方等に関する有識者会議審議のまとめ」において「令和三年答申の提言を実現していくに当たっては」

として説明されている「個別最適な学び」と「協働的な学び」の一体的な充実と軌を一にする考え方と言えるのではないでしょうか。

とはいえ、その後も「ICT×インクルーシブ教育」の発想に基づいて、さまざまな教育活動を行ってはきましたが「特定分野に特異な才能のある子ども」という観点から子どもの実態を見て、それに応じて支援を行うという体制までは取れていませんでした。「学びに困難を抱えている子どもに支援を行うと、結果的にその子どもが特定分野に特異な才能のある子どもであった」というのが常であったように思います。

逆に言うと、私たちの中にはずっと「本当は特定分野に特異な才能のある子どもへの支援をちゃんとやりたいな」という想いがくすぶっていたのです。学校の中を見渡せば「あの子って特定分野に特異な才能があるのではないかな」と感じさせる子どもが何人もいる。ICTをはじめとした支援の環境もかなり整っている。同じキャンパスにある大学には専門の先生が何人もいらっしゃってさまざまな面で協力してくださる。おまけに、ここで行った実践の成果を発表するノウハウも十分に持っている。

取り組みたいな、と思っていたところに文部科学省から「特定分野に特異な才能のある児童生徒に対する支援の推進事業」の公募が出ました。

「これは私たちのために作られた事業ではないですか?」

公募を見たときに佐藤さんが真顔でそう言ったのには笑ってしまいましたが、確かにそう思いたくなるくらい、私たちの中には高いモチベーションがあったのです。

●学校の授業で見出す特異な才能

では、この事業の中で、私たちは何をしようと考えたのか。何しろ何年も前からやりたいと思っていたことだったので、計画は多岐にわたりました。

まずは、授業をどうするか、です。特定分野に特異な才能のある子どもの学びとしては、やはり自分の興味関心に従って探求していくようなことが大切でしょう。それを学級の授業の中にどう位置づけていくかはよく考えねばならないところです。

そのヒントになりそうな実践を行ったことがありました。六年生の社会で「丸一日をかけて取り組む探究的なテスト」を行ったのです。概略、以下のようなものでした。

・それまでに子どもが積み重ねてきた学びの実績と、そのときの興味関心に応じた探究的な課題を朝の会で四つ提示する（例えば「超高齢社会の日本においてどのような政策が有効か、諸外国の政策の例をあげながら説明しなさい」など）。

・丸一日、その日のすべての授業時間をかけてその課題に取り組み、スライドを作成し、それを使ってプレゼンテーションするムービーを作成して下校までに提出する。

・資料は何を使っても可、インターネットで検索することも認め、途中で友達と議論することも許可する。

卒業前の時間的余裕のあるときだったからこそできた実践でしたが、この「探求的なテスト」では、通常課される枠組み（時間割など）が取り払われ、かなり自由に学びを進められる環境であったことが功を奏して、特定分野に特異な才能のある子どもはのびのびと学習を進め、高度な研究発表ムービーを作成することができていました。

もちろん、学級の中にはさまざまな子どもがいるわけで、こうした課題に困難を感じる子どももいましたが、「友達と議論する」ことも選択できたので、友達や教師の手を借りながら自分のペースで学びを進めることができていました。むしろ、さまざまな子どもがお互いの考えを伝え合いながら進めたからこそ、特定分野に特異な才能のある子どもだけでなく、すべての子どもにとって有意義な学びが実現したものと考えています。

特定分野に特異な才能のある児童生徒への有効な支援を行いつつ、学級の授業としても成立するためには、ときにこういった柔軟なカリキュラム編成を行うことも必要でしょう。しかし、毎日柔軟なカリキュラムというわけにもいきません。日常的に特定分野に特異な才能のある児童生徒への有効な支援を行うためにはどういった方策が考えられるでしょうか。

私たちはそれを生成ＡＩの活用に求めました。詳細は第２章で書きますが、生成ＡＩは、教室における子ども、教師に次ぐ第三の存在として位置づけることができます。この第三の存在は、特定分野に特異な才能のある子どもにとって、あるときは相談相手となりますが、あるときは友達と一緒に批判的な意見をぶつける対象にすることもできる稀有な存在です。そして、生成ＡＩは、カリキュラムを大きくいじることなく、日常の授業の中で普通に使うことができます。

これを活用することで、特定分野に特異な才能のある子どもへの支援を行いつつ、学級全体の学びが深まるような授業実践の開発に取り組みたいと考えました。

●子どもの「やりたい」に委ね寄り添うこと

得意を伸ばし社会性を育む校外活動も私たちがぜひ取り組みたいことの一つでした。

東京学芸大学附属小金井小学校は、校外活動についての長い歴史と実績を持っています。「至《し》楽荘《らくそう》生活」と呼ばれる遠泳を取り入れた海沿いの宿舎での宿泊行事、「一宇荘《いちうそう》生活」と呼ばれる登山を取り入れた高原での宿泊行事は、本校の教育活動における重要な柱として長く続いてきました。結果、学校にも、教員一人一人にも、宿泊行事を行う上での大切なノウハウが多数蓄積されています。

ただし、それらの行事は「遠泳」「登山」といった子どもに負荷のかかる活動を取り入れることで社会性を育み心身の健康を増進することを狙ったもので、必ずしも「特異な才能のある児童生徒への支援」とはならないことも多かったのは認めざるを得ません。

「学校や教員が持つノウハウを生かせば、特異な才能のある子どもが自然の中で自分の興味関心に従って得意分野を伸ばしていけるような校外活動を、小金井小ならできるのに！」

ずっとそう考えていましたので、事業の一環として、そうした校外活動の実現に取り組みたいと考えました。

ただ、実はこの発想に近い萌芽的な校外活動を行えたこともありました。それは、コロナ禍の隙間に実施した秋の「至楽荘生活」でした。

秋だったので海に入ることはできません。もちろん遠泳もできません。子どもたちには「コロナ禍でやりたいことができなかった」というストレスが溜まっています。すると自ずと「子ども自身が活動内容を考える」プログラムにするのがいいだろうとなったのです。

そして活動内容の決定を子どもに委ねたのですが、その結果、特異な才能のある児童生徒にとっては非常に有意義な宿泊行事となりました。

芸術面に強い興味・関心のある子どもが、一日をかけてサンド・アートに取り組み、砂浜に巨大なジオラマを作成したこと、それを周りの子どもが見て称賛し、そこから友達とのコミュニケーションが円滑になっていった姿などは、特異な才能のある子どもへの有効な支援だったと言っていいと思います。

こうした効果をねらって企画した校外活動が山梨県四尾連湖《しびれこ》で行ったLikes & Freeでした。

これについては第4章で詳しく書きたいと思います。

● 学校の外から見出す特異な才能

特異な才能のある子どもが自分の得意を伸ばせるような環境を用意することが、そうした子どもへの支援として有効であることは容易に想像がつきます。実は、東京学芸大学のキャンパス内には、こうした支援に役立ちそうなリソースがいくつもあります。専門書籍を揃えた大学図書館、多様な植物の観察ができる農園、本格的なFab Lab、畳の上で自由に運動できる柔道場……。すべてのリソースがすべての子どもに適したものではありませんが、特定分野に特異な才能のある子どもにとってはまたとない学びの場になる可能性を秘めています。

こうした通常の公立小学校では用意できないリソースがキャンパス内に多数存在していることは、特異な才能のある子どもへの支援を考える上で大きなアドバンテージであることは間違いないでしょう。ですから、こうしたアドバンテージを生かすことには当然、積極的に取り組みたいと考えましたが、他方、それだけに留まってしまうと一般の公立学校への普及という面では逆に障害になりかねません。私たちがしばしば指摘される「それは大学の附属校だからできるのではありませんか？」で終わってしまいかねないわけです。

そこで、「外部機関の方をゲストティーチャーとして学校に招く」形式で大学内のリソースを活用することを試みました。これであれば、「近隣の博物館の学芸員を学校に招く」のような形式での汎用性に繋がるのではないかと考えたわけです。

第4章で詳述しますが、具体的には、東京学芸大学小林晋平研究室を仮想外部機関として特別授業（①宇宙、②大きい数の積を使って地上絵を描く）を実施しました。

結果、非常に興味深い学びの姿が見られたのですが、これには別の可能性も感じました。それは「特定分野に特異な才能のある児童生徒」の特定手法としてこうした授業が有効なのではないか、ということです。

「特定分野に特異な才能のある児童生徒」の特定はなかなか難しい課題です。学校の全員に心理検査を行うわけにもいきません。そうした学校や子どもに負荷を与えることなく「特定分野に特異な才能のある児童生徒」を特定する手法として、先の校外活動を行ったり、専門家を招いた特別授業を行ったりといったことの可能性は検討の余地があると考えています。

● 自分であることを肯定される居場所

これは「この事業でやりたいこと」というより、「ずっとやってきたこと」を、「この事業を通して、きちんと価値づけたい」と考えたことに「2.5プレイスとしての保健室の役割の明確化」があります。

特定分野に特異な才能のある子どもは、通常の学校教育では学びに困難を抱える状況に陥りやすい傾向にあります。一斉授業では、「何を学ぶか」「どのように学ぶか」「誰と学ぶか」といったことについての制約があるため、自分の興味関心に従って探求学習を進めることには限界がありますし、話し合いなどによる協働的な学習活動の場面では、コミュニケーションでつまずき、自分の力を発揮しきれず、学習意欲が低下することにもつながりかねません。

校外活動に連れ出したり、ゲストティーチャーを招いたり、あるいはＡＩを使った授業を行ったりといった手段も大切ですが、そもそもそうした子どもが学級を中心としながら、学びを継続できるような環境調整を考えなければなりません。

この問題にずっと取り組んできたのが本校の保健室です。保健室を中心に、特異な才能のある子どもが「自分らしくいられる場所」を確保する。これをきちんと価値づけたいと考えました。

第３章で詳述しますが、子どもの居場所としてまず考えられるのは１ｓｔプレイスとしての家庭、２ｎｄプレイスとしての学校です。特異な才能のある子どもの場合はそれ以外にも、自分らしくいられたり、好きなことや得意なことで多様な人とつながったりできる３ｒｄプレイスの存在が必要な場合も多いでしょう。しかし、いきなり３ｒｄプレイスに繋げるのは難しい場合も当然あります。そうした子どもが「自分らしくいられる場所」を見つけるには、学校内の2.5プレイスとも言うべき保健室で、生活での課題や成功例を共有しやすい環境づくりも必要であるように思います。

東京学芸大学附属小金井小学校は、通級指導教室や支援学級等が設置されていません。そのため、個別に支援や配慮を必要とする子どもの学びや学校生活を保障するため、二〇一四年の「インクルーシブ教育システム構築モデルスクール事業」を契機に校内での教室以外の居場所であるリソースルームを作るなどして継続的に支援を行ってきました。

その中核にあるのが保健室なのです。日常的、継続的に子どもと関わりのある学校内2.5プレイスである保健室の機能を生かした校内の支援や外部機関との連携をモデル化していきたいと考えたわけです。

●アンロック・ラーニングに向けて

ここまで書きながら改めて思うことがあります。この書籍で明らかにしようとしているのは、特定分野に特異な才能のある子どもへの支援と、それによって開かれるすべての子どもの学びはどういったものか、どうすればそこにたどりつけるのか、です。

その大きなきっかけとなったのが文部科学省の「特定分野に特異な才能のある児童生徒に対する支援の推進事業」であることは間違いありませんが、この事業の前から取り組んできたＩＣＴ×インクルーシブ教育の取り組みそのものが特定分野に特異な才能のある子どもへの支援に繋がっていました。

むしろ、ここまで取り組んできたことの集大成的な意味合いすらあるように感じています。（その意味で言えば、佐藤さんがかなり早い段階から「小金井小でギフテッドの支援をやりたいのです！」とつぶやいていたことは非常に象徴的でした。）

ICT×インクルーシブ教育の取り組みを進めながら驚いたことの一つは、私たちがこの取り組みを発信することで「勇気づけられる」と感じる方が少なからずいらっしゃるということです。通常、公開授業等を行い、研究の発信をしても、得られる反応はその授業、その教科の内容に関係のあるものになることがほとんどです。また、反応を示してくださるのは、ほぼ通常学級の小学校の先生でした。

しかし、二〇一八年に最初のICT×インクルーシブ教育セミナーを開催したとき、「勇気づけられました」という反応を示してくださったのは通常学級の小学校の先生ばかりではありませんでした。特別支援学校等で特別支援教育にたずさわる先生方はもちろん、学びに困難を抱えている子どもの保護者、学校ではない居場所で子どもたちを支援されている方等、さまざまな立場の方から「大学の附属小で正面からインクルーシブ教育に取り組んでくれていることがすごく嬉しい」「こういう授業をすれば困難を抱えた子どもも勉強できるのですね！」といった声をたくさんいただきました。

そのとき以来、「これは私たちの使命だね」と感じてさまざまな実践に取り組んできましたが、特定分野に特異な才能のある子どもへの支援もその延長線上にあるものです。なるほど、確かに

「特定分野に特異な才能」という切り口では見てきていなかったかもしれませんが、学びに困難を抱えている子どもには常に「どういった支援をすることがこの子の学びにつながるだろうか。この子への支援が学級全体にいい影響を及ぼすにはどうしたらいいだろうか。」という視点で手立てを考えてきました。その事自体は、この書籍で明らかにしようとしている「特定分野に特異な才能のある子どもへの支援」でも変わるものではありません。

学校教育には枠があります。それは、公教育である以上、完全に取り払うわけにはいきません。しかし、その枠に少しだけ柔軟性をもたせたり、一時的に外したり、違う形の枠に修正したり、といったことは、できないわけではないのです。そうしたことを行うことが、子どもの学びを解き放つこと、すなわち、アンロック・ラーニング——特定分野の特異な才能への支援は、すべての子どもの学びにつながる——になるのではないでしょうか。

解説

発達と学びの多様性を生かせる学校とは

藤野　博

「ギフテッド」と呼ばれる子どもたちの存在が話題になっています。特定の分野で特異な才能を発揮する子どもたちのことです。そのような子どもたちはさまざまな事柄を広く浅く学ぶよりも、興味関心のある対象をピンポイントで、並外れた集中力を持って探究し極めようとする姿勢を持つことが特徴です。ギフテッドとされる子どもの中には、得意なことと共に苦手なこともある場合があり、得意なことについては際立った力を示す反面、苦手なことはとことん苦手で困難を抱えていることもあります。そうした両極端さのある子どもは「2E（twice-exceptional）」とも呼ばれ、米国などではそれに対応した教育も行われています。

ギフテッドの人たちは発達障害の特性を持つことが少なくないようです。とりわけ、自閉スペクトラム症（ASD）の特徴はよく見られます。ASDは対人関係の困難さと著しいこだわりの問題を主な特徴とする発達障害です。有名人の中にもASDの特徴を持つ人は少なからずいるようで、例えば、物理学者のアインシュタイン、哲学者のウィトゲンシュタイン、ピアニストのグレン・グールド、画家のアンディ・ウォーホル、などが知られています。いずれも対人的には相当の変わり者だったことを示すエピソードに事欠きませんが、その分野の才能は超一流です。「こだわり」の強さを原動力として、元々持っていた才能が増強されたと考えることもできるでしょう。

偉業をなし遂げた人たちを例に挙げましたが、ここで言いたいことは、天才をどう育てるかといったことではなく、認知や学び方のスタイルの多様性をいかに理解し、それを尊重し、才能を見つけて伸ばすかということです。

ＡＳＤの人たちは「木を見て森を見ない」認知の傾向を持つことが指摘されています。細部に過剰に集中し全体を見渡して判断することができにくいことです。下の図をご覧ください。左の図版（部分が丸で全体が四角）を提示し、右の選択肢（部分が四角で全体が四角と部分が丸で全体が菱形）のうちどちらに似ているか問うと、通常の発達の子どもは全体が同じ方を選ぶのに対しＡＳＤの子どもは部分が同じ方を選ぶ傾向があるという実験結果が報告されています。そのような傾向を持つ人の脳はミクロな情報処理に向いているという知見もあります[1]。英国の自閉症研究者のバロン＝コーエンは、科学者やＡＳＤの人たちの脳は「システム化」のメカニズムによって高度に調整されていることを主張しています[2]。そして、それが正確さや細部への集中力につながっており、

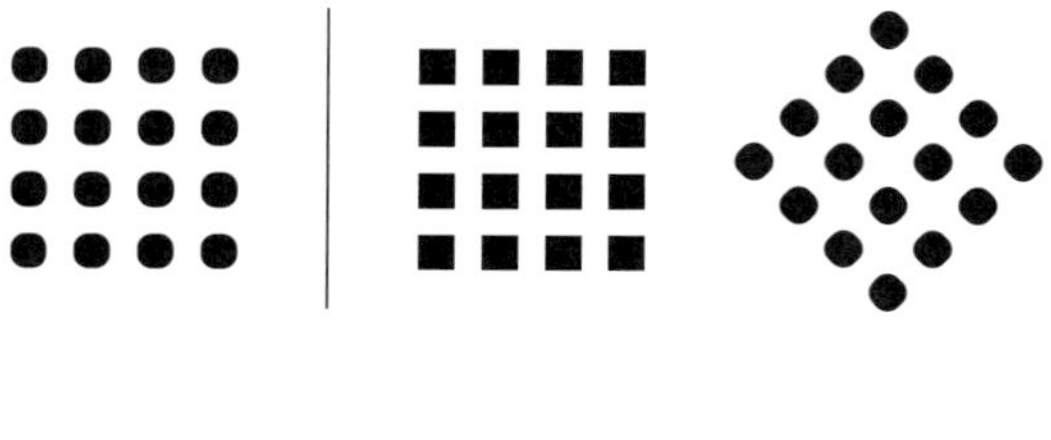

それを促進するものは好奇心であると述べています。

また、学び方についても、一般の人とＡＳＤの特性を持つ人では違いがあることをバロン＝コーエンは指摘しています。一般の人は、最初は幅広く学び、上の学校に進学していき仕事に就くまでに徐々に学びの範囲を狭め専門化していきます。それに対して、ＡＳＤの人の場合、最初からスペシャリストなのです。ある対象を深く狭く探究するところから始め、次第にその対象の周辺から関連するものへと少しずつ興味関心のゾーンを広げていきます。つまり狭い学びから広がっていくのです。

自分の専門分野ということもあり、ＡＳＤのことばかり述べてきましたが、障害や特別支援教育についてここで論じたいわけではありません。近年の考え方では、ＡＳＤの特性は幅広く分布していて、診断されないケースも含めると一般人口の一割くらいの人がさまざまな程度にその特徴を持つとされています。つまり、クラスに何名かはそうした特徴を持つ子どもがいるということです。ＡＳＤだけでなく、医学的に診断されてはいなくとも、読み書きに困難を抱えるタイプの子どもや落ち着きがなく注意力に課題のある子どもの存在も通常の学級では珍しくありません。そして、少数派の特性を持つ子どもたちは、これまでの教育の考え方や方法では才能が伸ばされないばかりか、学校に通うこともいやになってしまうことがあるでしょう。学びの方向性やスタイルが異なる子どもたちにどう対応するか。学校教育という枠組みの中で、どのように多様な学びの入り口を用意するか。教育技術以前にそのような環境づくりをすること。それが本書のテーマである「アンロック・ラーニング」のポイントだと考えます。

文献

(1) Casanova, M. F. etal. (2006) Minicolumnar abnormalities in autism. Acta Neuropathologica, 112, 287-303.

(2) サイモン・バロン=コーエン（著）篠田里佐（訳）（二〇二二）ザ・パターン・シーカー　自閉症がいかに人類の発明を促したか．化学同人．

第2章

授業で「特定分野に特異な才能のある子ども」を支援するには

「特定分野に特異な才能のある子ども」が教室にいたら、どんな授業をすればよいのか。授業をするためにどのような環境を整えればいいのか。考えなければならないことは多岐にわたりますが、一人一人の子どもに寄り添うためのツールとして、私たちは生成ＡＩに注目しています。第２章では、生成ＡＩを活用した授業実践から「特定分野に特異な才能のある子ども」を授業でどう支援していくか、という問題を考えてみましょう。

〔1〕

生成AIが特定分野に特異な才能のある子どものパートナーになるために

●生成AIの可能性に目を向ける

生成ＡＩの登場は世界のありようを大きく変えつつあるように感じています。「物凄いテクノロジーが登場した！」と興奮する人もいれば、「仕事を奪われる」と戦々恐々とする人もいます。教育現場に関しても、「子どもたちにより思考させることができるツールが現れた！」と歓迎する向きもありますが、「子どもたちが思考しなくなってしまう」と困惑する向きもあります。

どういう受け止め方が正しいのか、現時点ではハッキリしていないのかもしれません。しかし、間違いなく言えることは「無視することはできない」ということです。私たちが相手にしている子どもたちは、生成ＡＩと共にこれからの人生を歩んでいきます。ですから、学校や教師が、あたかも生成ＡＩなど存在しないかのようにふるまうことは許されません。肯定的に見るにせよ、否定的に見るにせよ、私たちは生成ＡＩを注視しないわけにはいかないのです。

特定分野に特異な才能のある子どもへの支援を考えたとき、私たちは生成ＡＩに大きな可能性を感じています。そうした子ども一人一人の興味関心に寄り添うことは、これまで十分にできていなかった部分です。生成ＡＩは、そこに寄り添える存在になるのかもしれません。

しかし、その可能性を探る前に、生成ＡＩに関しては考えておかねばならないことがいくつかあります。生成ＡＩがかなりのことをできるようになった時代、人間がすべきことは何か。人間が目指すべきことは何か。人間の価値はどこにあるのか。そういったことを子どもたちと共に考えていくことは大切なプロセスでしょう。

そのために行った授業実践について書きます。プロの画家と生成ＡＩに同じプロンプトで絵を描かせたらどうなるか？　これを試す授業です。

ねらいは色々とありました。生成ＡＩと人間の違いを見直すということもありますが、画家という存在を知ることによって、あるいは生成ＡＩの実力を見ることによって、特定分野に特異な才能のある子どもを発見したり、そうした子どもへの支援の手がかりを得たりすることができるのではないか、という想いもありました。

授業の構成は以下のようなものです。まず一回目の授業では、画家に作品をいくつか持って学校に来てもらい、絵について語ってもらったり、子どもたちの質問に答えてもらったりします。そうして「画家という仕事」についてイメージを持てたところで、どのような絵を描いてもらうかプロンプトを作成します。一回目の授業の最後に、このプロンプトを画家に渡すことになります。

二回目の授業では、子どもたちが作成したプロンプトを元に描いた絵を持って画家に再び学校に来てもらい、完成した絵について語ってもらいます。その後、同じプロンプトで生成ＡＩに絵を描かせ、人間の画家が描いた絵と生成ＡＩが描いた絵を比較します。

「画像生成ＡＩの登場でイラストレーターは仕事がなくなるのではないか」「画家の作品を生成ＡＩに学習させないような法規制が必要ではないか」といった話題が渦巻く中で「同じプロンプトで生成ＡＩと比べられる絵を描く」という企画に快く応じてくださったのは長田絵美さん(1)。お願いした当初はそこまで考えていなかったのですが、長田さんの存在が、この授業に大きな価値をもたらすことになります。

●一回目の授業「プロンプトを考える」

事前に聞いてみると、子どもたちには「絵画を見る」経験がほとんどありませんでした。美術館に行ったことがあるという子はクラスで数人。ほとんどの子どもたちにとって芸術作品にふれる機会は決して身近なものでなかったようです。

そうした中で迎えた一回目の授業。長田さんが持ってきてくださった四枚の絵はイーゼルに飾り、最初は布をかけておきました。それを取っていく度に子どもたちからは「オー!」「ヘー!」

とさまざまな声があがります。最初は少し遠くの座席から、次は間近に寄って絵を見ながら子どもたちはさまざまに語り合います。

その後にようやく長田さんが登場。子どもたちに「絵を描くときに思っていたこと」などを語ります。これが子どもたちにとってはなかなかに衝撃的でした。

「描いているのは動物ですが、私は人間を想って描いているのです。」

怪訝な顔をする子どもたち。私も最初は何を言っているのかがよく理解できませんでした。それに対して、長田さんは、この「Horizon（スカラベ）」という絵を例に説明してくれました（図2‐1）。

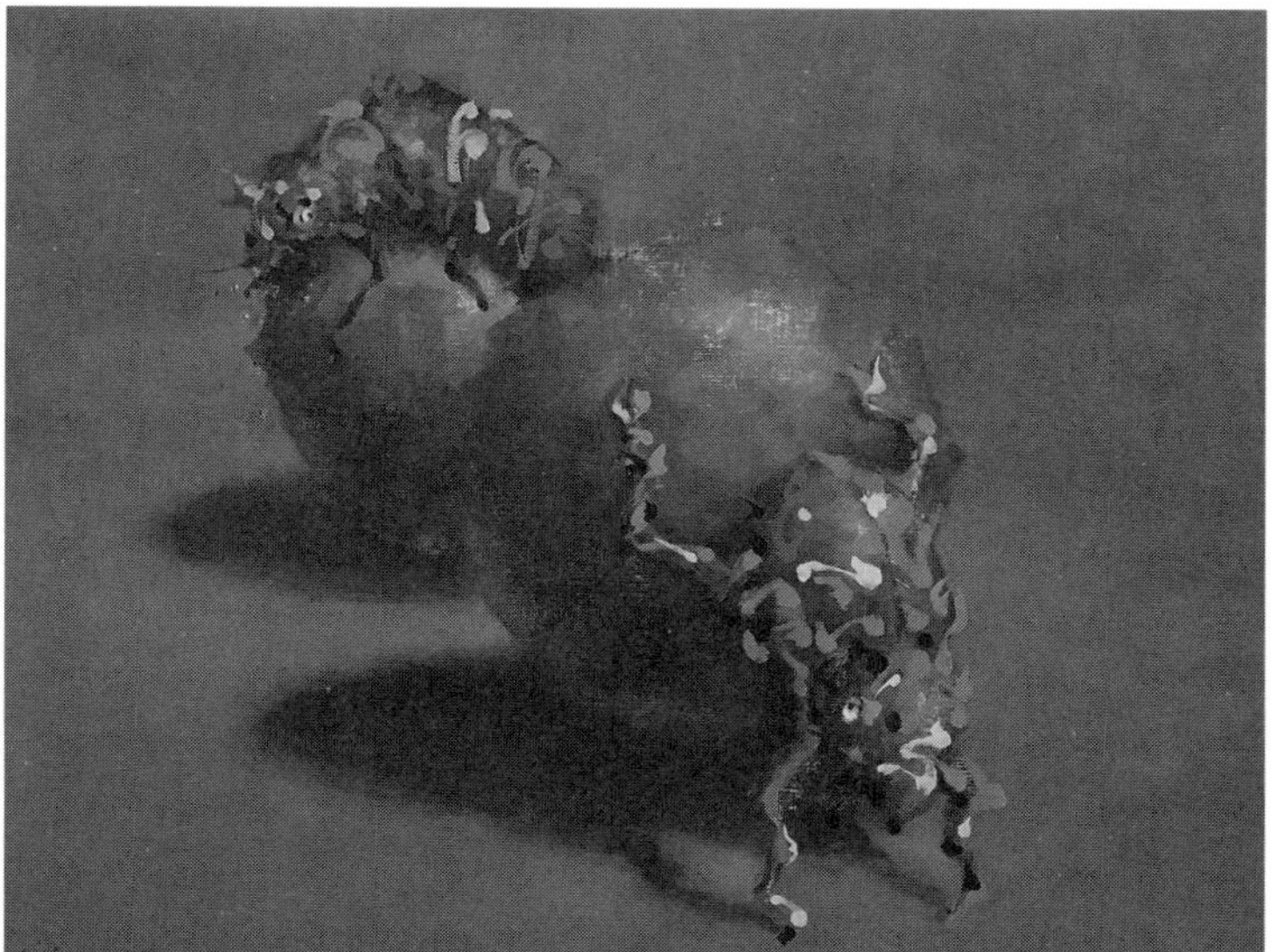

図2-1　Horizon（Emi Osada）

「手前のスカラベは、ごちそうの玉であるフンを一所懸命に目的地を目指して転がしています。目的地まで持って行って食べるためですよね。それに対して、奥のスカラベは、道中ですでに食べ始めてしまっています。」

それだけだとやはり動物の絵ということかと思いますが、しかし。

「手前のスカラベはたくさんの努力の先にこそ喜びがあると信じて、長期的な目標を見据えて進んでいるわけです。奥のスカラベは、目先の楽しみにとらわれ、結果ばかりを急かし求めています。その対象的な二人の姿を描きたかったのです。」

描いているのは動物だけれど、人間の世界を描いているわけですね。この発想に子どもたちは感心することしきり。休憩時間には長田さんの話を聞きたい子の列が途切れませんでした。

さて、ここまでは普通に鑑賞の授業。ここから子どもたちに提案します。

「長田さんとAIに同じプロンプトで絵を描いてもらおう。」

さすがに子どもたちもギョッとしていました。「そんなこと頼んでいいの?」という子も。しかし、「頼んでいいんだ!」と納得すると、どんなプロンプトにするかの話し合いは、大変に盛り上がりました。最終的に投票で選ばれたプロンプトはこのようなものでした。

シマエナガという鳥にしてください、絵具を使ったようにしてください。いい感じの色でお願いします。幻想的にお願いします。背景をぼやかして、シマエナガだけはっきり描いて

くださ い。背景は森の中にしてくださ い。動物はシマエナガが五匹までお願いします。（飛んでいる姿）油絵でお願いします。白黒ではなくて、カラーでお願いします。

果たしてそれはどのような絵なのだろうかと思わずにはいられませんでしたが、ともかく長田さんにこのプロンプトで絵を描いてくることをお願いして一回目の授業を終えました。

この日の授業後、子どもたちが書いた感想からいくつかひろってみましょう。子どもたちの驚きと、二回目の授業への期待が垣間見えるのではないでしょうか。

「人間に例えて動物の絵を描いていてびっくりした。長田さんの絵にはたくさんのいろいろな感情が詰まっていることがわかった。」

「今日は、本当に人が油絵で描いた絵を実際に見ました。遠くから見るのと近くから見るのでは印象が違ってびっくりしました。遠くから見たときは、意外な色で書（ママ）いている模様だと思いました。でも、近くから見るといろいろな動物がいたりその動物の表情がわかりました。私も次に絵を描くときには、自分の気持ちやそのときの行動を、絵を見てわかるようにしたいです。何色も色を混ぜて色々な絵をかいていてすごいなと思いました。」

「今日、長田さんの絵をいっぱい見ました。スポンジやふりかけみたいに絵の具をやっている作品がありました。ＡＩが作った物と長田さんの作った物を二ヵ月後に見てみたいです。」

●二回目の授業「人とAIの違いは何か?」

まずは、第一回目の授業の復習から。長田さんにどんな絵を見せてもらったか、どんなプロンプトで絵を描いてと頼んだか、といったようなことをふり返りましたが、三週間も経っているのに子どもたちは、よく覚えていました。やはりプロの画家が描いた絵の与えた影響は大きかったようです。

いよいよ作品の登場です。長田さんの描いてきてくれた絵(図2-2)にかけて

図2-2 Divergence (Emi Osada)

あった布を外したときの子どもたちの歓声は、ちょっと忘れられません。自分たちの予想を遥かに超えたものだったのでしょう。さまざまな声があがっていました。

この後、一グループずつ前に出てきて、作品とじっくり出会ってもらいます。絵を近くで見ながら、遠くから眺めながら、子どもたちは口々に感想を伝え合っていました。

絵画を見ると語りたくなります。そこに作家がいれば色々と聞きたくなります。子どもの場合は、それがかなりダイレクトに出て、長田さんは質問攻めにあいました。

核心を突いていたのはこの質問でしょう。

「他の絵にも自分の感情が入っているって言っていましたよね？　このシマエナガにも（長田さんの感情が）入っているのですか？」

これに対する長田さんの答えは次のようなものでした。

「上の三羽は同じ枝の方を向いているけれど、下の一羽は地面の方を向いているでしょう？　人間も、周りの人が同じ方向を向いていると『それが正しいのかな』と思いがちなのだけれど、自分の感覚を信じて物事を見てみると自分だけの正解を見つけられたり新しい出会いがあったりする。そういうことがあるといいんじゃないかな、という想いを込めて書きました。」

一番下に描かれている虫は、目がかわいく描かれていることもあって子どもたちがかなり気になっていた部分だったのですが、そこにそんな想いがこめられていたとは！　これはかなりグッときます。

そしてついに生成AIの登場です。私が「じゃあ、そろそろ生成AIにも絵を描かせよう。」と言ったら「え、描かせてなかったの?」と驚く子もいましたが「それはそうだよ、だってすぐにできるのだから。」と返して、ChatGPTに長田さんにお願いしたのと同じプロンプトで絵を描かせます。そうして出力されたのが図2-3の絵です。

長田さんの絵を見せ

図2-3　ChatGPTが出力した絵

たときの歓声も忘れられませんが、この絵がディスプレイに表示されたときの歓声も忘れられません。

「どう？　この絵？」と聞いた後、出てくるのは「あそこがダメだ。」「ここがおかしい。」といったダメ出しばかり。私が「ねえ、いいところはないの？」と聞いて、ようやく何か出てくるという反応でした。

そこで子どもたちに問います。

「この絵じゃ納得がいかないのでしょう？　では、少しプロンプトを改良してみるかい？」

すると子どもたちからさまざまな意見が出てきます。

「『シマエナガには必ず羽がはえているようにしてください。』と付け足した方がいいです！」

「え、どうして？」

「だって右から二番目、羽がないのに飛んでいますよ！」

そういった要望を取り入れ、プロンプトを改良して何回か絵を出力させた後、私から子どもたちに問いました。

「同じプロンプトで人間とＡＩに絵を描いてもらったわ

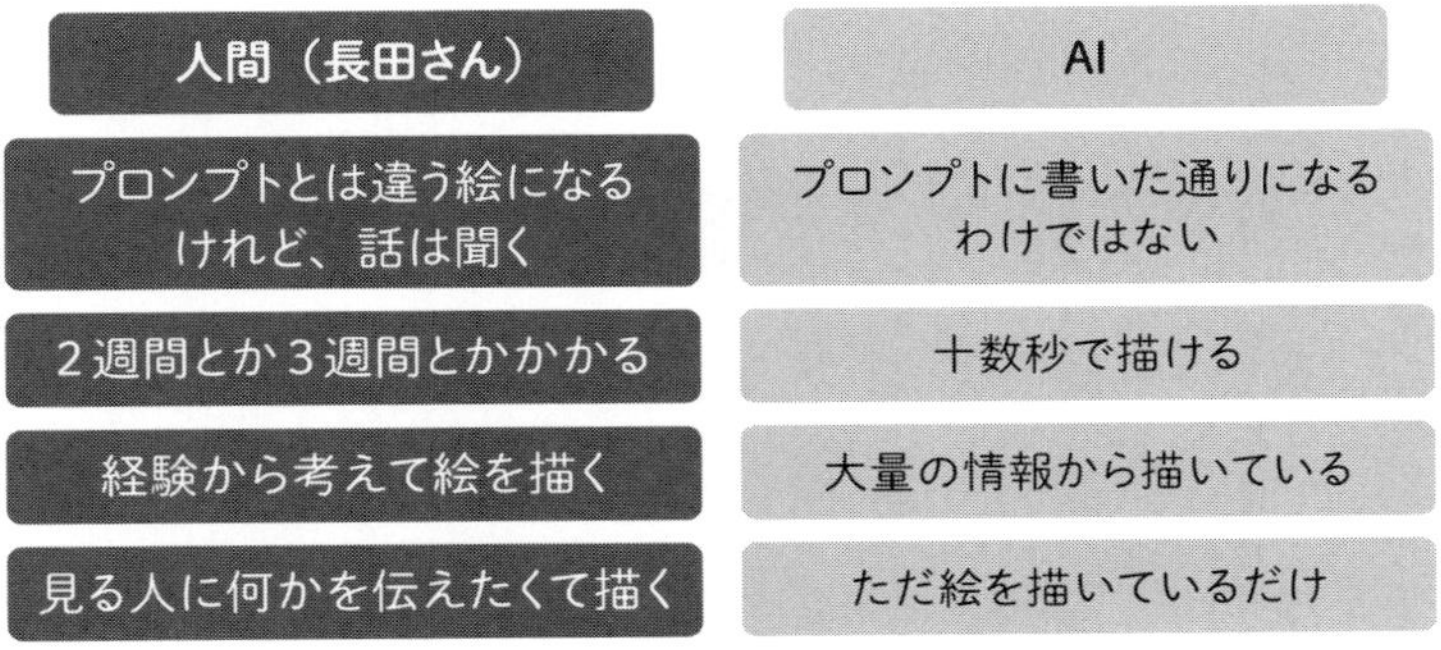

人間（長田さん）	AI
プロンプトとは違う絵になるけれど、話は聞く	プロンプトに書いた通りになるわけではない
2週間とか3週間とかかかる	十数秒で描ける
経験から考えて絵を描く	大量の情報から描いている
見る人に何かを伝えたくて描く	ただ絵を描いているだけ

図2-4　授業中に児童の意見をまとめたスライド

けだけれど、絵を描くことに関しての人間とＡＩの違いってなんだろう?」

子どもたちから出てきた意見をまとめてその場で作ったスライドが図２‐４です。

表現は稚拙かもしれませんが、小学校四年生なりに生成ＡＩの本質を突いているのではないかと私は思いました。

● 垣間見えた生成AI活用のポイント

授業の終盤、私から長田さんに質問しました。

「生成ＡＩは、出てきた絵が気に入らなかったらプロンプトを修正して何度も描かせることができるわけですが、長田さん、もしも今日、持ってきてくださった絵に私たちが『こうじゃなくてこうしてほしい』みたいな修正依頼をしたらどうしますか?」

私はここで「それはもうあと二週間、時間をいただかないと。」とか「だったら新しい絵を描いた方が早いですね。」といった答えが返ってくるかな、と予想していました。しかし、長田さんの答えはまったく違うものでした。

「私なりに想いをこめて描いた絵なので、そういうリクエストがあっても『お断りします』と答えます。」

生成ＡＩは私たち人間の要望に合わせて何度でも生成してくれます。しかし、人間は生成することを断ることがあるのです。その根っこには「人間には想いがあるから」という生成ＡＩと人間との（少なくとも現段階での）根本的な違いが横たわっています。それを小学校四年生に実感させられたのですから、授業者としては大満足です。

授業の終わりに取ったふり返りに「これから先、人間ががんばるべきことは何でしょうか。（「絵を描く」以外で）」という問いを入れておきました。その答えをいくつかひろっておきましょう。

「ＡＩは感情がないので感情をいっぱい持つ。」

「ＡＩは、今はまだ完璧じゃないからいいけれど「自分で考える力」や「感情」を持ってしまったら、人間に制御できなくなってしまうから、そのあたりは人間が頑張って、ＡＩを制御できるようにならないといけないなと思いました。」

「一人一人の人間より、ＡＩだけの方がたくさんの情報を持っているけど、人間は人間でこのままでいいと思う。」

「答えがわからないことはずっと人間が、探していったり、考えてみたり、行動にしてみたりして人間が答えにたどりつかなくても、考え続けることも大切だと思うから、こういう答えがないものは人間がやった方がいいと思います。」

どれが正しくて、どれが正しくない、などということは言えません。私にもわかりませんし。でも、生成ＡＩが登場した今、子どもたちにさせるべき経験は、例えばこういったやり方で生成ＡＩと人間の違いについて深く考えることではないでしょうか。

「生成ＡＩというのはこういう仕組みでね。」と簡単に説明して、ちょっといじらせれば自然とわかっていくだろうと考えるのは、さすがに乱暴ではないか、というのが私の立場です。子どもたちに直接、生成ＡＩを触らせる日は近いと感じていますが、その前にやるべきことはまだまだあるのです。

特定分野に特異な才能のある子どもにとって、生成ＡＩは大切なパートナーになり得る可能性があります。それは、探求を深めるためのツールとして、かもしれませんし、自分が抱えている困難についての相談相手として、かもしれません。どういった形のパートナーになるかはわかりませんが、いずれにしてもそのときに「これは人ではない」「これは人とは違う」ということは押さえた上で付き合っていくことが大事ではないかと考えています。

その追求は始まったばかりですが、この絵画をめぐる実践からは大きなヒントを得られたように感じています。

文献

(1) 長田絵美氏の作品等については左記のＷＥＢサイトを参照されたい。
EMI OSADA https://www.emiosadastudio.com/（二〇二四年十二月五日確認）

2

「人ではない」「人とは違う」からこそ生成ＡＩが生きる授業

●授業で生成ＡＩが有効に機能するには

特定分野に特異な才能のある子どもにとって、生成ＡＩが大切なパートナーになり得る可能性があること、そのために「これは人ではない」「これは人とは違う」という理解が重要であること、それを促すための経験が必要であることを前節で書きました。

そうした経験を学校教育の中で積むための機会として最も重要なのは、やはり授業でしょう。「人ではない」からこそ、「人とは違う」からこそ、生成ＡＩが有効に機能する授業とはどのようなものでしょうか。私もまだまだ模索中ですが、いくつかの実践の中から探っていきたいと思います。

●物語文で想像を広げる手がかりに

小学校四年生の国語の教材に「プラタナスの木」(光村図書)という椎名誠の物語文があります。[1] およそ、このような話です。

マーちんとその仲間たちが集まる川沿いの公園には、古く大きなプラタナスの木がある。ある日、公園におじいさんが現れ、マーちんたちの遊びを見守るようになる。おじいさんは木の重要性について子どもたちに話し、彼らと親しくなる。夏休み、マーちんが一人で公園を訪れると、おじいさんはマーちんの祖父母が住む地の木を指して「みんな」と言うなど不思議な話をする。その後、台風が公園を襲い、プラタナスの木は倒れ、おじいさんも姿を見せなくなる。がっかりするマーちんたち。しかし、子どもたちはプラタナスの切り株に立って、木の根がまだ地下に広がっていることを感じ取る。春には新しい芽が出ること、そうすればまたおじいさんに会えることを期待して。

物語を読んで想像をふくらませるのには実に適したファンタジーです。この物語について学習する単元の終盤、「マーちんたちはおじいさんにまた会えるだろうか?」をテーマに考える授業を行いました。

子どもたちの意見はさまざまでした。

「もう会えない。『最初ははっきりしていたおじいさんの顔が、次第にぼやけてきた』とあるのは、プラタナスの木が倒れて、お爺さんが消えてしまったということだと思う。」

「第五段落に『春になれば、プラタナスも芽を出すだろう。そうすればきっとまた、おじいさんに会える』と書いてあるから、おじいさんに会えると思うけど、『きっとまた』と書いてあるから、おじいさんに必ず会えるわけではないと思った。」

「おじいさんがプラタナスの木の精霊だとしたら、まだ残っている部分の切り株分は精霊の魂があると思うから。プラタナスの木に芽が生えたら、マーちんたちはまたおじいさんに出会えると思う！」

「プラタナスの木が生えたら、おじいさんには会えると思う。でも、そのプラタナスの木は前のプラタナスの木と違うから、おじいさんではなく、若い人だと思う。なぜなら、台風でプラタナスの木が簡単に折れたということは、プラタナスの木はだいぶ年を取っていて、だから、おじいさんも年を取っていた。でも、新しくプラタナスの木が生えれば、プラタナスの木の精霊は、子どもになっていると思う。」

本文をじっくりと読んで想像を広げ、自分なりの根拠を持って考えることができれば国語の学習としては十分です。しかし、全員がそこまで考えられているわけではありません。ずっと悩んでいる子も、もちろんいます。

そうした子どもが考えるヒントになることを期待して、また自分の考えを持てた子どももその考えをさらに深める手がかりになることを期待して、「人ではない」「人とは違う」生成ＡＩを登場させました。

ＡＩに学習させない設定にして「プラタナスの木」の本文を読み込ませ、その上で「あなたは『マーちんたちがおじいさんにまた会えるかどうか』という問題についてどう考えますか。」というプロンプトを打ち込むわけですが、その前に子どもに「ＡＩはどのような答えを返してくると思うか」を予想させました。

それまでの何回かの生成ＡＩ体験から「『私はＡＩであり個人的な意見を持つことはできません』と言ってくるのではないか？」と予想する子どももいましたが、「おじいさんは普通の人間でプラタナスの木が切られたことによりベンチが日なたになったので暑いからいなくなったのだと分析するのではないか。」と予想した子どもがいました。

理由を聞くと、その子どもは、「ＡＩって人みたいな想像はできないから、その文章に書いてあることからしか考えられない。プラタナスの木がなくなった後、いつもおじいさんはベンチの日陰のところに座っていたから、ベンチが日なたになったことで来なくなったと考えるんじゃないか。」と答えました。

多くの子どもは「おじいさんはプラタナスの木の精霊のような存在」と考えていたのですが、

確かに教科書の本文には「精霊」「幽霊」といった言葉は一度も出てきません。「出てきていないことをＡＩは読み取れないだろう」とこの子どもは考えたわけです。(2)

いよいよ、プロンプトを打ち込むと、生成ＡＩは次のような回答を出してきました。

「木が倒れた後、おじいさんは物理的にはもういませんが、彼の教えや思い出はマーチンたちの心の中に残っています。物語の中では、おじいさんは自然や木について教えてくれていました。そして、その教えはプラタナスの木が倒れた後もマーチンたちの心の中で生き続けています。だから『おじいさんにまた会える』というのは、彼が直接そこにいるわけではなくても彼の教えや物語を通じてマーチンたちが感じたこと学んだことを思い出すことができるという意味です。」

この回答に子どもたちは全然、満足できていませんでしたが、それで別に構わないのです。なぜか。この授業の目的は生成ＡＩに答えを出してもらって納得することではなく、自分の考えを持つことだからです。生成ＡＩは、子どもが自分の考えを持つための補助装置になってくれれば十分で、その役目は十分に果たしてくれたのですから。

先の「ＡＩって人みたいな想像はできないから、その文章に書いてあることからしか考えられない。」という子どもの発言に代表されるように、子どもは十分に生成ＡＩのことを「人ではない」「人とは違う」と意識しています。それは逆から見れば「自分たち人間でなければ考えられないことは何か」を考えることや、「生成ＡＩではなく人間がやるからこそ価値があることは何か」に意識を向けることにつなげられる気づきです。

そうした気づきが自分の個性、もしかしたら特定分野に特異な才能を持っていることの発見につながるかもしれません。生成ＡＩの授業活用はさまざまな可能性を秘めているのです。

●正誤の判定を生成ＡＩに委ねると何が起きるか

「プラタナスの木」の授業では、教師が生成ＡＩを操作し、それを見せる形で進める授業でした。これは生成ＡＩの利用規約が「十三歳未満の利用は不可」としているからに他なりません。

では、小学生は絶対に自分では生成ＡＩを操作できないか、と言うと、これがそういうわけでもありません。ややこしいのですが、ＭｉｃｒｏｓｏｆｔのＡｚｕｒｅ ＯｐｅｎＡＩ Ｓｅｒｖｉｃｅｓでは、開発者またはアプリ所有者に対し、各サービスの透明性に関する注記の一部としてＡＩサービスの使用開示を要求しています。逆に言うと、第三者がアプリケーションで「ＡＩを使っていますよ」と明らかにすれば「保護者の同意も得ているなら小学生も使っていいですよ。」というアプリを開発できます。

これを利用して、小学生も生成ＡＩを利用できるサービスがいくつか出始めています。そのうちの一つ、コニカミノルタ社のｔｏｍｏＬｉｎｋｓというシステムを使い、子どもにも生成ＡＩを操作させて学習を進めた授業の実践を紹介しましょう。

五年生の教材で「言葉の意味が分かること」(光村図書）という説明文があります。ただ説明文の読解をするだけではなく、本文中の「原因と結果」という関係を読み取り、自分でも「原因と結果」の関係がわかるように話したり、書いたりできるようになることを目指す単元です。この授業で生成ＡＩを使いました。

まず本文の中で「原因と結果」の関係になっているところを探させ、その後で「なぜ、そこが『原因と結果』の関係になっていると判断できたのか」を確認していきます。これによって子どもの中には「こういう言葉でつなげられていれば原因と結果の関係になっているとわかる」といった知識が形成されると踏んでいました。

次はこの知識を使って『原因と結果』の関係になっている例文を作る」ことが課題になります。そして、その例文が「原因と結果」の関係になっているかどうかを生成ＡＩに判定させる、ということを行いました。

子どもには、次のプロンプトを入れるように指示しました。

> 次の文を読んでください。
> 「エアコンのスイッチを入れたら、部屋がどんどん涼しくなってきた」
> この文は「エアコンのスイッチを入れた」という原因によって「部屋がどんどん涼しくなってきた」という結果になったことがよくわかります。
> このように原因と結果の関係がよくわかるような文を作ってみますので、「原因と結果の

関係」がよくわかるかどうか判定してください。もし私の作った文がまちがっていたら、正しい文に直すためのアドバイスをください。できますか？

すると生成ＡＩが「もちろんです！　あなたが作った文を見せていただければ、原因と結果の関係がよくわかるかどうか判断します。そして、もし必要があれば、どうすればもっとわかりやすくなるかアドバイスしますね。」と返してくるので、この後に自分が作った「原因と結果」を表す例文を入れるようにしたわけです。

このプロンプトを使って、子どもはどんどんと例文を作り、生成ＡＩにその例文が正しいかどうかを判定させていきました（図２－５）。

授業の中で子どもが生成ＡＩに判定を依頼した入力が三十一件ありました。そのうち、子どもが

1

僕は今おなかが痛いです。なぜなら賞味期限切れの牛乳を飲んだからです。

あなたの文はとてもわかりやすいですよ。「僕は今おなかが痛いです。なぜなら賞味期限切れの牛乳を飲んだからです。」という文では、「賞味期限切れの牛乳を飲んだ」という原因によって「おなかが痛くなった」という結果になったことが伝わります。

これは原因と結果の関係がはっきりしていて、小学校5年生でも理解できると思います。このままで完璧ですよ！

図2-5　児童が納得した生成AIとのやり取り

生成ＡＩの回答に納得できたのが十七件、納得できないのが十一件、その他が三件でした。

子どもが納得できなかったものとしては、例えば図２‐６のようなものがあります。

この例のように「原因→結果」の順番で、一文にまとめることをアドバイスする例が何件かありましたが、子どもにはそれが納得いかなかったのです。

「確かに『原因→結果』の順番で一文にまとめるのも書き方の一つだけど、それだと文が長くなってわかりにくくなってしまうこともある。」

「文を二つに分けた方がわかりやすい場合もあるはず。四年生のときにそう学習した。」

「結果→原因の順番の方が、結果がハッキリわかっていいと思うけどな。」

子どもの声はもっともです。「結果→原因」の順番で書いてもかまわないし、二文に分けた方が

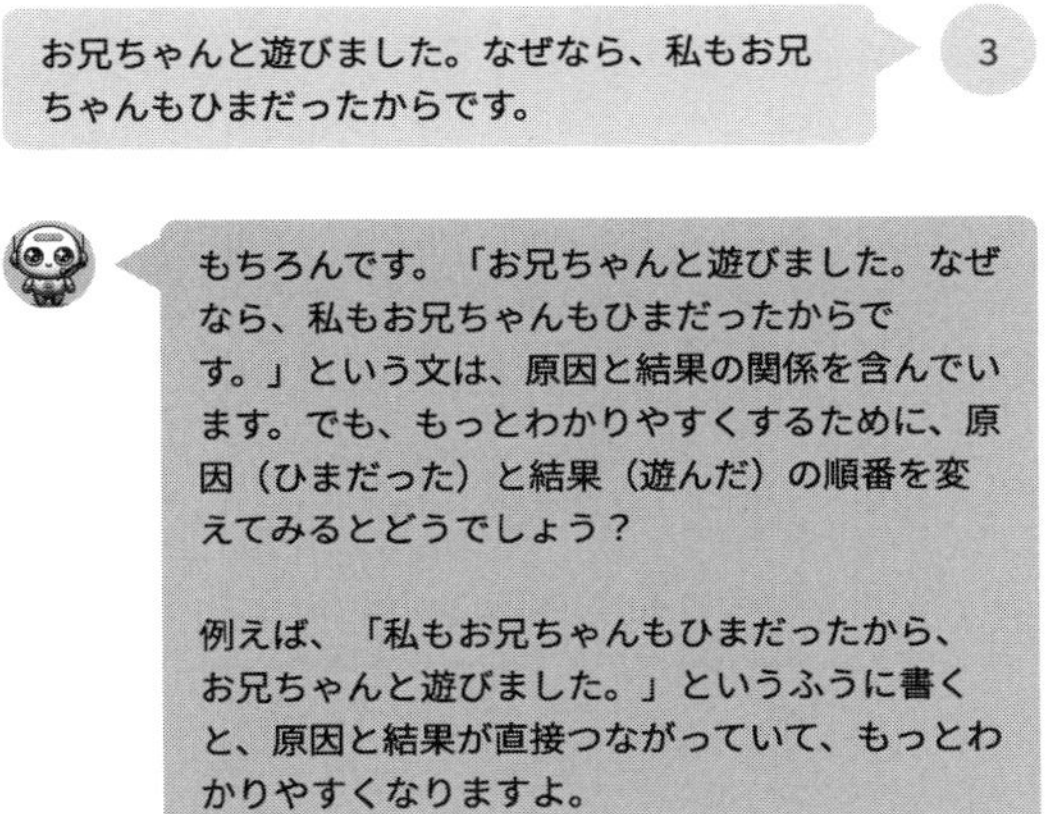
お兄ちゃんと遊びました。なぜなら、私もお兄ちゃんもひまだったからです。
3
もちろんです。「お兄ちゃんと遊びました。なぜなら、私もお兄ちゃんもひまだったからです。」という文は、原因と結果の関係を含んでいます。でも、もっとわかりやすくするために、原因（ひまだった）と結果（遊んだ）の順番を変えてみるとどうでしょう？
例えば、「私もお兄ちゃんもひまだったから、お兄ちゃんと遊びました。」というふうに書くと、原因と結果が直接つながっていて、もっとわかりやすくなりますよ。

図2-6　児童が納得しなかった生成AIとのやり取り

わかりやすくなる場合も確かにあります。

では、生成ＡＩを子どもに使わせるのは失敗だったか。そうは考えません。

まず、子どもが授業中に書いた例文が三十一あったとして、授業時間内に教師がそれをすべて読んで正誤を判定して子どもにアドバイスをつけて返すことは……まず不可能でしょう。少なくとも私はできません。「自分が書いた例文に対して即時フィードバックが得られる」ということだけを取っても、生成ＡＩを活用する価値はあったと考えます。

「だが、そのフィードバックが必ずしも正しいとは限らないのでは意味がないのではないか」というご意見もあろうかと思いますが、私はこれも国語の授業としては意味のあることであると捉えています。

なぜか。通常の授業のとき、教師から正誤を指摘されたりアドバイスをされたりしたら、子どもはどうするでしょうか。普通は、それに従うしかないでしょう。子どもから見れば教師は「評価者」です。たとえ「納得がいかない」と思っても、あるいは「言っていることがよくわからない」と思っても、相手が教師だとそれに対して「納得がいかない」という態度を示すことは難しいはずです。しかし、相手が生成ＡＩ、つまり「人ではない」「人とは違う」存在だと、子どもは躊躇うことなく「納得がいかない」という態度を示すことができます。

この子どもの「納得がいかない」という想いをひろいあげることで「原因と結果の関係を明らかにする文とはどのようなものか」についての考えはより深まることになります。生成ＡＩの技術的な問題としては改善を要するかもしれませんが、国語の授業としては十分に意味のある学習になったのだと私は考えています。

●「人ではない」「人とは違う」からこそ

「特定分野に特異な才能のある児童生徒に対する学校における指導・支援の在り方等に関する有識者会議審議のまとめ」では、「特異な才能のある児童生徒の認知や発達の特性として、強い好奇心や感受性、豊かな想像力、高い身体的活動性、過敏な五感などや機能間の発達水準に偏りがあることなどが挙げられる。また、しばしば、これらの特性が過度に表出し、環境に馴染めないことによる困難を抱えていることがあることも指摘されている。」とあります[3]。

自戒を込めて書きますが、この「馴染めない」「環境」の最たるものが実は教師であることも多いのではないかと思っています。特に小学校の教室においては、教師の存在は絶対的です。どんなに子どものことを深く思いやり、気持ちを寄せようとしている教師であっても、存在そのものが絶対的であることはそうそう変えられるものではありません。そんな教師の存在に「馴染めない」のは、ある意味では無理のないことです。

では、どうするか。そこに生成ＡＩが効果を発揮する場面があり得るのではないかと思うのです。

本当は文句が言いたい。本当は不満がある。でも、先生には言えない。そんな子どもも生成ＡＩに対してであれば「こんなこと言ったら怒られるのではないか」「こんなこと書いたら気を悪くするのではないか」というような想いを捨てて正面から意見をぶつけることができるのではないでしょうか。

もちろん、それは「ただ自由に生成ＡＩに触れられるようにすればそれでいい」というような単純なものではないでしょう。不平不満をぶつけて終わりではなく、それが批判的思考につながり、学びとして結実するような仕掛けを教師がしておくことは必要なはずです。

では、生成ＡＩをどう使っていけば、特定分野に特異な才能のある子どもが自分の居場所を見つけ、学びを進めていくための装置として有効に機能していくのか。それを探る道のりは始まったばかりなのです。

文献

(1)　椎名誠「プラタナスの木」『令和二年度版 小学校四年国語（下）』光村図書
(2)　生成ＡＩが文脈を読み取る例としては以下を参照されたい。「思考、教科の目的、生成ＡＩ」https://note.com/ICT_inclusive/n/nf18d4eea2ced（二〇二四年八月十九日確認）
(3)　文部科学省特定分野に特異な才能のある児童生徒に対する学校における指導・支援の在り方等に関する有識者会議「特定分野に特異な才能のある児童生徒に対する学校における指導・支援の在り方等に関する有識者会議審議のまとめ

～多様性を認め合う個別最適な学びと協働的な学びの一体的な充実の一環として～」二〇二二　https://www.mext.go.jp/content/20220928-mxt_kyoiku02_000016594_01.pdf（二〇二四年八月十九日確認）

解説１

生成ＡＩとの関わりと子どもの学び

中川一史

批判的思考を働かせる

鈴木教諭の生成ＡＩへの関わりの見通しは、子どもたちにその可能性を実感してもらいつつも、同時に生成ＡＩと人間の違いを見直し、批判的思考を働かせながら関わることを促しています。そしてその中から、子どもたちに寄り添い、一人一人の個性・特性やこだわり、思いなどを見つめ直すきっかけにしています。

プラタナスの木の実践は「正誤判定を生成ＡＩに委ねると何か起きるか」を子どもたちと共に考えるということ自体に大きな意義を感じます。ここで大事なのは、「ズレの自覚」ということです。ここまでは良いけれども、ここからは違和感を感じる。そういう感覚を子ども一人一人が磨き、言語化し、友達と共有することこそが、鈴木教諭が大事にしていることです。また、絵画の実践では、プロの画家の作品と生成ＡＩの作品、そして自分たちの依頼（画家へのお願い、プロンプト）と作品の解釈から「ズレの自覚」に迫ります。結果として、改めて対象に向き合う場を保障しているのです。

子どもの主体的な学びを保障することが叫ばれる中、鈴木教諭のように、どのように子どもに寄り添っていくのか、子どもとの対話をどのように進めていくのかなど、今後の学びおいては、さらに重要になっていくと思われます。

歴史は繰り返す

考えてみますと、ワープロ専用機が世に出てきたときに、筆者は小学校の教員でしたが、すぐにこの新しい機器に飛びつき、ボーナスで購入しました。そして指導案をワープロ専用機でじゃんじゃん書いたら、ある日先輩の先生に「どうして指導案を手書きでしないのか。お前の指導案は心がこもっていない」と言われました。また、検索エンジンが出てきた際には、「紙の辞書を使わなければ学習ではない」という教員が多くいたのも事実です。その後、皆ワープロソフトを当たり前に使うようになり、検索の仕方を授業で扱うようになりました。このように、新しいテクノロジーが出現すると、ある種の恐れをいだき、抵抗感という風が吹き、ある時期騒ぎになりますが、そのうち、当たり前に馴染んでいくことを私たちは、繰り返し体験しています。今回の生成AIも数年経つと、今よりもはるかに当たり前のように子どもたちが使い、気がつくとさまざまなアプリに埋め込まれているようになっているでしょう。しかしそのプロセスの中で、鈴木実践のように、丁寧に関わり自体を学びに転換していく営みが必要なのです。

フェーズを見通す

最後に、生成ＡＩの授業等活用へのフェーズについては、筆者は「試行フェーズ」「活用フェーズ」「普及フェーズ」に整理しています（図1）。中でも、「活用フェーズ」においては、学びへの活用のスモールステップが考えられます。校内のさまざまな教員の実態を考えると、少しずつ情報共有しながら全体で前に進めことが大事であると思われます。いずれにしても、鈴木実践は、これからを見据え、私たちに多岐にわたるヒントを与えてくれています。

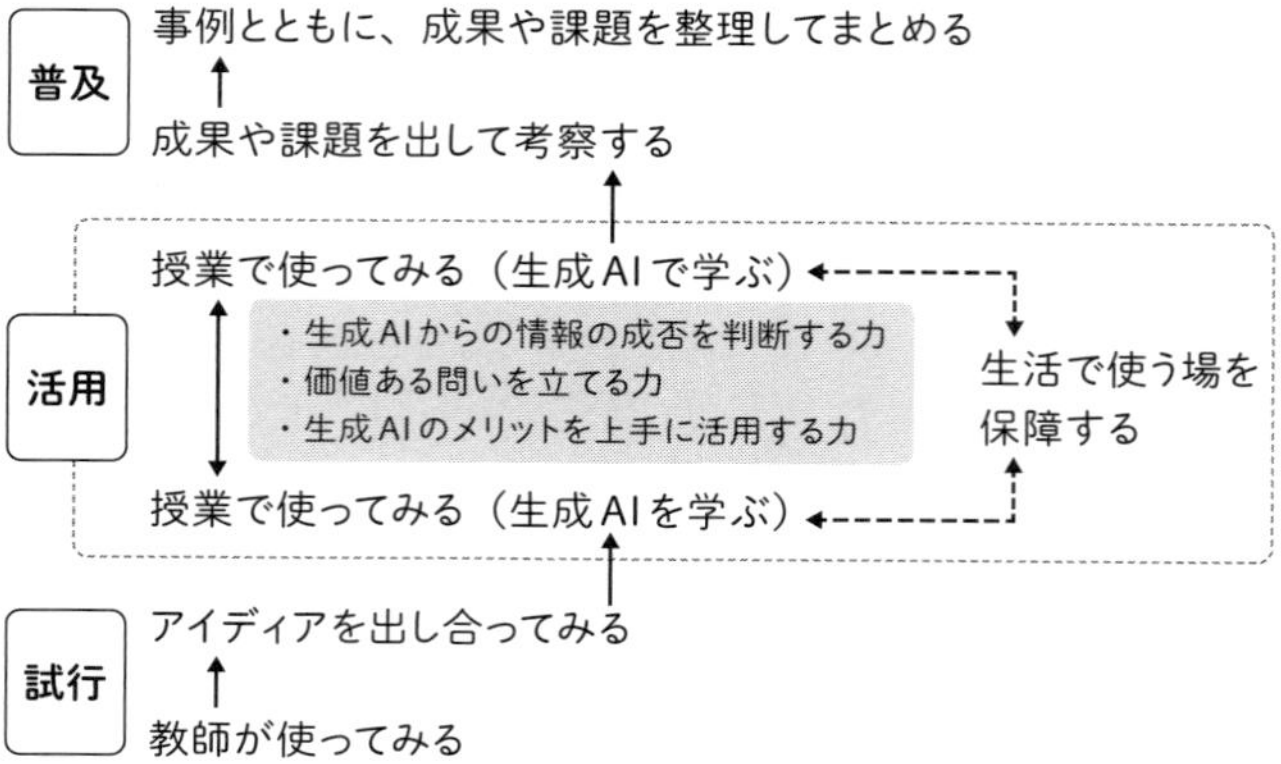

図1　生成ＡＩの授業等活用へのフェーズ

解説2　多様な特性のグラデーションを包み込む授業の姿

狩野さやか

学びの環境を変えたらすべての子どもたちの学びやすさにつながった

鈴木先生と佐藤先生が現在の取り組みにつながるICT×インクルーシブ教育に挑戦し始めて間もない二〇一八年に私はその活動を知り、実践を追いかけてきました。

当時の教育現場は全体的なデジタル化にはまだ遠い状況でしたが、読み書き等に困難さを持つ子どもたちがICT機器でその困難な手段を代替する取り組みが各地で行われていました。ただ、せっかくICT機器で学びやすくなることを実感できても、自分だけ違う道具を持って教室に入ることに抵抗を感じる子も少なくありませんでした。

そこで鈴木先生が注目したのは、「困難さを持つ子どもの側」ではなく、「学びの場である教室の側」の環境を変えることでした。鈴木先生は、GIGAスクール構想前からクラスで一人一台のPCを整え、全員がPCでの読み書き、思考等に慣れる機会をつくり、「PCでも紙でもどの手段でもいい」

という選択を子どもたち自身に委ねる授業を重ねていったのです。その結果、支援の対象となる子は、教室の中で自分の学びやすい手段を臆せず選べるようになりました。

実はこの過程で予想外のことが起きていました。他にも選択肢を得たおかげで学びやすくなった子どもたちがいたのです。例えば教科書を「読む」という作業だけでも、ＰＣを使うと、音声で聞く、ふりがなを表示する、画面の色や文字の大きさを変えるなどさまざまな手段があります。選択を委ねてみると、子どもによって快適に学べる手段が違い、処理スピードにも大きな違いがあるという学習の個性が見えてきました。

「困難さを持つ子」のためにしたことが、結果的に、潜在的に学びにくさを抱えていたすべての子どもたちにとって学びやすい環境になったのです。インクルーシブ教育というのは、そもそも大勢の側が少数の側を「入れてあげる」というような力関係で成り立たせるものではありません。学びの場の側こそが変わる必要があったのだという重要な気づきが広がる実践でした。

間もなくコロナ禍で学習の空間そのものが制限を受けるという厳しさに直面する中、鈴木先生はＩＣＴをフル活用して、学び方や授業の形、コミュニケーションの方法、教員の役割に至るまで、それまでの当たり前をしなやかに再定義することを繰り返していきます。それに付随して、子どもたちの学びの手段の選択肢はさらに増えていきました。

もちろん、何らかの困難さを抱えていることがわかった子には特性に応じた個別のサポートが必要です。同校でも特別支援コーディネーターの佐藤先生がさまざまな取り組みをしています。その一方で鈴木先生が行ったように、特性が表出している子がいてもいなくても、すべての子どもたちが違いを持っていることを前提に、全員を対象に環境の側を変えるということの意義を決して見落としてはいけないと思います。

当たり前を「アンロック」して子どもたちの選択肢をどこまで増やせるか

生成ＡＩを活用した鈴木先生の授業は、私たちの社会が初めて直面した新しい技術と子どもたちの出会いを慎重に検討したものでした。生成ＡＩと適度な距離を保ち自分の意志で使いこなすには、その技術的な背景や特徴を知ることが重要です。ただ、小学生にどうやって伝えるのかとなると、簡単な言葉や図で説明するくらいしか方法がありませんでした。

鈴木先生は、授業のさまざまな場面で生成ＡＩをゲストのように登場させ、人の思考との違いを見せることで生成ＡＩの特徴を子どもたちが実感できるようにしました。体験的な理解への落とし込み方がとても高度な授業設計です。一連の授業は単に生成ＡＩの特徴を捉えるだけでなく、「人とは何か」という問いや、意見交換の活性化などにもつながりました。

「特定分野に特異な才能のある児童」にとって生成ＡＩの活用がどのように作用するかはまだわか

りませんが、このような授業で生成ＡＩとの距離感をつかんだ子どもたちは、また一つ新たな手段の選択肢を手にしたわけです。

同校で「特定分野に特異な才能がある児童」を想定して行われたさまざまな活動は、ＩＣＴ×インクルーシブ教育と同様に、明らかな特徴を見せる子どもだけに注目するのではなく、全員を包み込むような視点が感じられます。

そもそも、学習手段やコミュニケーションなど何らかの困難さを抱える子どもたちのうち、突出した才能を見せる子はごく一部です。多くの子どもたちは、自分の中で一番得意なことがようやく周りの「普通」か「ちょっと得意」くらいなので注目されることはなく、うまくできないことばかり指摘されるしんどさの中にいます。「自分比で一番」なことに自信を持ち、のびのびと力を発揮できる環境があったら、より多くの子どもたちが力を得ることができるでしょう。

学びの環境の側の常識を一つ一つ「アンロック」して選択肢を解放していくことは、すべての子どもたちの学びやすさにつながり、閉じ込められていた可能性を引きだすことになるはずです。果たして学校や教室の何をどこまで「アンロック」できるのかということが、今重視される「個別最適な学び」の実現に向けて試されているのだと思います。

私たち一人一人が、今いる自分の持ち場で子どもたちの環境を少し「アンロック」できたら、社会は多様性の側に今よりも一歩、近づけるはずです。

第3章

集団に入れない「特定分野に特異な才能のある子ども」への支援とは

すべての子どもが学校のカリキュラムや環境に適応できるわけではありません。特定分野に特異な才能はあるものの、学校には馴染めない、教室には入れない。そういった子どもに、私たち教師はもとより子どもに関わるすべての大人は、何を大切にして支援するべきでしょうか。第3章では、複数の事例からエッセンスを抽出して再構成した二つの「寓話」を織り交ぜながら、この問題について考えていきます。

「2.5プレイス」としての保健室

●子ども（家庭）の孤立を防ぐ居場所とは

子どもの居場所は、どこにあるでしょうか？　「居場所」という視点で見てみると、まずは家庭（施設等を含む）が１ｓｔプレイスということになるでしょう。次に過ごす時間が多い学校は２ｎｄプレイスとして位置づけられると思います。そして近年は、子どもがリラックスしたり、自分らしく過ごせたりする場所として、３ｒｄプレイスが注目されています。

みなさんには、家庭や仕事の役割や関係性と離れたコミュニティがありますか？　そこでの時間は、きっとエネルギーを充電できるような場所だと思います。

ある子が自分の趣味について保健室で話をしてくれました。鉄道模型が大好きなその子は、近所にある鉄道模型のお店に週に一度は行くそうです。特に買いたいものがあるのではなく、そのお店の店主さんの話を聞いたり、そのお店で知り合った友達と鉄道の話をしたりするのが楽しいということでした。

その友達とは鉄道の話だけでなく、学校の話もするそうです。友達というので、私は小学生かと思っていましたが、相手は高校生でした。高校生の友達と学校で流行っていることや勉強が難しくて、逃げ出したいこと、学校に行きたくないときにどうしているか、といったことを話しているそうです。友達と話している時間は、嫌なこともどこかへ消え、楽しい時間になっているということでした。そして自分もこのお店に通い続けて、友達のような優しい高校生になりたいと憧れを持っているそうです。

自分らしくいられるだけでなく、前向きになれる居場所、コミュニティがあることは、本当に貴重だと思います。ただそうした居場所をみんなが持っているとは限りません。特に不登校や学校生活への適応が難しい子どもは、2ndプレイスが一時的に無くなり、孤立してしまうことがあります。

そうした孤立を防ぐため、家庭と学校とのつながりを保ちつつ、その子らしく学びを再構築する場が必要ではないでしょ

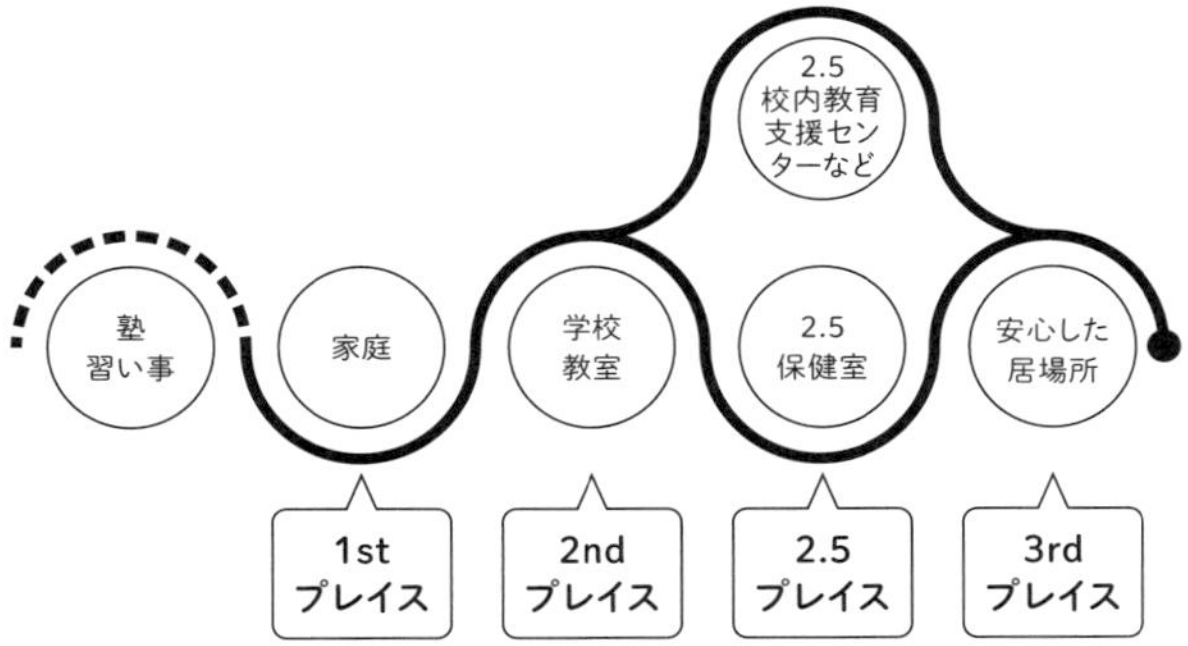

図3-1 子どもの居場所

うか。そうした目的にピッタリの場が学校にはあります。そう、保健室です。私たちは「2.5プレイスとしての保健室」（図3－1）を拠点とし、家庭と学校内外の関係機関と連携して、学びや子どもが安心することができる関係が途切れないように支援を進めています。

●子どもの困りごとに寄り添う

本校にはさまざまな理由で教室に行かない、行くことができない子どもたちのための居場所としてとして校内にリソースルーム[1]（校内教育センター的位置付け）があります。しかし不登校＝リソースルームでの生活ではなく、初めは養護教諭が子どもと話をしたり、遊んだりしながら「（教室に行かない、行けない）どんなあなたも大事」であることを伝えながら関係づくりをします。

子どもが保健室という場所を、養護教諭との関係性から「学校で安心できる居場所」だと認識できたら、抱えている子どもの困りごとに対して、何をどこでサポートするのかを検討します。保護者や本人の訴え、各種検査などを基に校内の検討委員会で支援について協議しますが、そこで決定するのではなく、子どもに選択肢を提示して、選んでもらうようにしています。大人から見たら子どもが遠回りに見える方を選択しても、そこから支援をスタートします。中には思うようにできず、自分を責めてしまう子がいるので「うまくいかなかったら、また考えようね」と、柔軟に対応できることを大切にしています。

大人からすると、学習には遠く、「これがはじめの一歩になるのか?」と心配になるようなことでも、子どもを信じて試してみます。ほとんどの子どもは、保健室を拠点として新しい居場所や学び方を試しながら、自分に合った居場所や学び方を見つけることができます。見つけるまで待つ、見守ることは難しいですが、こうしたことが「(みんなと違うけれど)自分はこれならできる」というような思いと「ありのままの自分」を周囲の大人に受け入れてもらったという経験は、子どもの自信や援助希求行動にもつながると考えています。

●マジョリティ優位な支援?

学校で子どもの支援を検討するときに目標や方法を協議しますが、これまで私たちは「教室で適応するために」「教室の学習に参加できるように」など、教室へ子どもを戻すことを前提にしていました。しかし、教室に適応できることはもちろん大切なのですが、そこを目標にすると苦しくなる子どもがいます。どうすればいいのでしょうか。

東京学芸大学教職大学院教授の藤野博先生に子どもの学びについて、イギリスの発達心理学者のバロン=コーエンの著書(2)を参考に、以下のことを教わりました。それは「学びの入り口」は必ずしも一つではないということです。

多くの人は、広い学びから、徐々に専門性の高い狭い学びに進む、という流れにあるそうです。

しかし、生まれながらのスペシャリストは、高度に焦点を絞った学びから始まり、隣接する分野との間に興味を掻き立てるつながりを発見しながら、広い学びへつなげていく、というのです。

この話を伺って、自閉スペクトラム症と診断されてはいないけれど「教室で授業を受けるのが難しい」と訴える子どもたちの顔が浮かんできました。私たちはこれまで当然のように「学びは広い入り口から始まるもの。学校のカリキュラムに子どもを合わせなければならない」と捉えていたわけですが、これはマジョリティ優位な考えであるということに気づきました。

支援に欠けている視点を藤野先生に教えていただき、子どもが「何に興味があるのか」という部分から、学習につなげるというアプローチも選択肢の一つとなりました。

クラスの授業の予定や進行に沿った学習計画では長続きしない子がいました。その子に「学校で何をしたいのか?」ということを尋ねると、「社会の授業で聞いた、江戸時代の人が上水道を短い期間で、どうやって作ったのかを知りたい」という答えが返ってきました。普段は、授業中、学習に参加しているように見えない(落ち着いているときは、座席で絵を描いたり、図書館から借りた本を読んだりしている)ことが多いので、授業の内容を聞き、興味を持っていることに驚きました(私はこうした思い込みがあるので、「学校で何をしたいのか」を子どもに確認するようにしています。)。

この子は、初めに図書館やネット上の情報を調べたのですが、実際の工事の方法や道具などはわからず、そこで学びが終わってしまいそうでした。しかし、私の心配は外れ、畑の空いているエリアを使って、自分で上水の仕組みを調べたいと言ってきました。

管理職と担任に許可を取り、安全面の指導と約束をした上で、上水道プロジェクトを始めました。作業は二週間を越える活動になり、一緒に活動したい子が休み時間に加わるようになりました。しかし、遊びながら土を掘っている子に、怒って喧嘩になることもありました。そのくらい真剣に向き合っていたのです。

二週間が過ぎても、疑問を解決できませんでしたが、その子なりの仮説には辿り着きました。

①工事期間が短い理由は、多くの人が工事に関わったことに加え、工事用の硬い土砂を掘る道具、残土などを運ぶために馬を使ったので、時間や負担を減らすことができたのではないか。

②高低差がない土地は、段差を付けて水を溜めて流していたのではないか。

この学びはここで一旦終了となりました。しかし、その後も時々新しい情報を見つけると、ノートにまとめていました。また理科の川の流れや社会科の歴史などの授業でも、これまで調べてきたノートを使って実験を行ったり、自分の意見を発言したりと、今まで見られなかった姿が見られるようになりました。

通常、学校での学びは、単元ごと、学期ごとで評価するため、この子のような学びは授業と同様に評価できないこともあるかもしれませんが「自分が解決したい問題と向き合う」という体験が、さまざまな学びの力になるのではないかと思います。そう考えると、長期的に子どもを見ていく視点が学校にあってもよいのではないでしょうか。

保護者や教師は、学校のカリキュラムから子どもが一時的にでも離れると、不安に思うことがあるでしょう。私たちが主張したいのは、もちろん闇雲に子どものニーズに応えるということではありません。しかし、学びの入り口を一つに決めず、多様なアプローチを試みることで、子どもの持っている力を伸ばすだけでなく、周囲にある学習にもつながっていく可能性があることをこの事例は教えてくれたように思います。

子どもが「自分は何を追求したいのか、学びたいのか?」という思いを持つこと、そうした思いを持てる授業を教師が考えていくことが、子どもの学びや可能性を伸ばすエネルギーになると思います。

文献・注

(1) 本校のリソースルームは休憩時間をすべての子どもを対象とし、不登校にある子どもの特別な教室ではなく、誰でも利用できる場所として、介入時に抵抗なく利用しやすいよう配慮している。

(2) サイモン・バロン=コーエン、篠田里佐訳、岡本卓・和田秀樹監訳『ザ・パターン・シーカー:自閉症がいかに人類の発明を促したか』化学同人、二〇二二

寓話①

理想の時間割は自分でつくる

僕の教室がある校舎の電気は、スイッチを押すと明かりがつく。まあ、当たり前だ。でも、音楽のときに行く新しい校舎のトイレの電気は自動的につく。なんでだろう。どこかで僕がトイレに入るのを見ているのかな。まさか。どんな仕組みなのだろう。

不思議だな、と思って電気を見ていたら、後ろからドーンと押された。同じクラスの男の子たちだった。悪気がないのはわかるけれど、何だか荒っぽくて苦手な子たちだ。こんな風に押されたりすることもよくあるし、順番を抜かされることもある。おかわりじゃんけんで負けていたくせに「勝った！」と言ってデザートをもらう神経もよくわからない。

授業もなんだか気が重い。先生がクリップを山盛り持ってきて「これ、全部でいくつあるかな？」と聞いてきたことがあった。みんなが「大変だよ。」「わかんないよ。」と言っていたので、「みんなで一人十個ずつ数えていったらどうかな？」と言ったら、先生は褒めてくれたけれど、何人か「天才は違うねぇ。」「かなわないねぇ。」とからかうように言ってきた。

そんなことが続いたある日の朝。僕はなかなかベッドから出ることができなかった。お母さんに言われて何とか服は着替えたし、朝ご飯も牛乳だけは飲んだけれど、玄関のドアノブをつかんだところで動けなくなった。教室に行きたくない。その日、僕ははじめて学校を休んだ。次の日も、その次の日も。そうして、僕は学校に行けなくなった。

ある日、お母さんが「保健室に行こう。」と言う。保健室？　前にけがをして行ったことがあるけれど、たくさん人がいてちょっと苦手だった。あまり気は進まなかったけれど、お母さんがあんまり言うので、「学校に行っても教室には絶対に行かない。」と約束して行くことにした。

いつもの学校の時間に行くと、クラスの子に会って嫌なことが起こりそうな気がしたので、ちょっと遅刻して保健室に行った。授業中のはずだけれど、なぜか高学年の男の子二人が大学生と楽しそうにゲームの話をしていた。それは僕の好きなゲームだった。「話に入りたいな」と思ったけれど、僕はお母さんと奥の部屋に呼ばれて、先生と話すことになった。

教室に行くように言われたらどうしよう。ちゃんと断れるかなぁ。怒られないかなぁ。そんな僕の心配をよそに、保健室の先生はやさしく微笑みながらこう言ってくれた。

「今まで授業や休み時間に大変な思いをしていたんだね。私も気づかなくてごめんね。」

そんな風に言われるなんてまるで思っていなかったからびっくりした。

「これからは、学校でどんな風に過ごしたいかな？」

これまたびっくりだ。これまで学校で「こうしなさい」「今はこうしましょう」みたいなことは山ほど言われてきたけれど、どんな風に過ごしたいかを聞かれるなんて！　よし。僕は勇気を出して言ってみた。

「教室には……絶対に行きたくない。」

「教室には行きたくないんだね。じゃあ、教室以外のところでしたいことあるかな？」

え、教室以外のところでって……保健室の先生は相変わらずやさしく微笑んでいるけれど、僕が驚くことばかり言ってくる。そんな僕の心が見えているのか、先生はこう言った。

「大丈夫だよ。君がしたいことをできるように校長先生にもお話ししておくね。」

ついに校長先生まで出てきた。どうなっているのだろう。「教室に行きなさい」って説得される方がまだ驚かないや。あんまり驚きすぎたからだろうか。「教室に行かないで、何をしたいか」がすぐには浮かばなかったので、その日は「考えてきます。」とだけ言って、家に帰った。でも、家に帰っても、特にしたいことは浮かばなかった。お父さんとお母さんが「勉強は大事だ。」とか「このまま学校に行けなかったらどうしよう。」とか、そんなことばかり言ってくるうちに、したいことを考えること自体がもう面倒くさくなった。まあ、いいや。このまま学校を休んでいれば。お父さんとお母さんは毎日、心配そうに色々と言ってくるだろうけれど、学校で嫌な思いをするよりかはずっといい。

ただ、僕に「気づかなくてごめんね。」と言ってくれた保健室の先生にはもう一度、会いたいと思った。それに「考えてきます。」って言ったのに、何も言わないのは違うかな、と思って、保健室に行くことにした。

保健室に行くと、先生は相変わらずやさしく微笑みかけてくれた。僕が正直に「やりたいことはありません。」と言っても、先生の微笑みは変わらなかった。

「ねえ、一人で考えても何も浮かばないのでしょう？　だったら、一緒に探そうか！」

先生はそう言って、タブレットを取り出した。何をするのだろう？

「私が質問するから答えてくれる？」

「はい。」

「教室は行きたくないって言っていたよね。」

「うん、教室は行きたくないです。」

「じゃあ、教室以外の場所で好きな場所はある？」

好きな場所？　んー、あ、そうだ。

「カメのいる池。」

「ああ、そうなの？　カメが好きなの？」

「カメも面白いけれど、カルガモが卵を産みに来るのが好き。ちょっと不思議だけど。」

「不思議？」

「うん、まだ巣立つわけない小さい雛がどんどん減っていっちゃうのが。」

先生はちょっと困った顔をしながら「他にも不思議なところってあるかな？」と聞いてきた。僕が答えたことを、先生はタブレットに地図みたいにまとめていった。その中に「トイレ」という書き込みがあった。

「ねえ、聞いてもいい？」

「なに？」

「トイレは何が不思議なの？」

「ああ。」

僕は自動的についたり消えたりする電気の話をした。他にも電気には不思議なところがたくさんある。お母さんはしょっちゅう「スマホのバッテリーが切れた。」って言っているけれど、お父さんはそんなこと一度も言ったことがない。この前、電子レンジをかけながらポットでお湯をわかしているときにお姉ちゃんがドライヤーを使ったら家中の電気が切れたのも不思議だ。電気にはよくわからないことがたくさんある。

そんなことを話していくうちに、どうやら僕は「理科の実験がしたい」ということがわかった。言葉で地図を書いていくと自分のしたいことが見つかるって、なんだか魔法みたいだ。

「どんな理科の実験ができるか一緒に考えようよ。」

保健室の先生は、僕と一緒に考えるのが好きみたいだ。僕も先生と一緒に考えるのが好きになってきた。タブレットで色々と調べるうちに「塩水で電気をつける実験」ができそうだとわかってきた。それにしても、塩水で電気？　つくわけないじゃん。

先生と一緒に実験方法や必要なものを調べてみると、保健室には足りないものがあることがわかった。保健室の先生が何回か電話をかけると、ちょっとして理科の先生や用務員さんがやって来て、必要なものを揃えてくれた。凄いな。保健室の先生、偉いのかな？

それはともかく、塩水で電気をつける実験だ。水で電気がつくなんて思わなかったけれど、本当に豆電球が明るくなった。実験って楽しい！　僕は、もっと実験がしたくなった。

それから僕は、学校に行くようになった。といっても、教室には行かない。保健室で、前にいた高学年のお兄さんや大学生と一緒に遊んだり勉強したりしている。理科の実験をどんどん進めたいのだけれど、そのためには計算ができたり、漢字が読めたりしないといけないので、そういったことの勉強もお兄さんたちと一緒にしている。

自分では気がつかなかったけれど、僕はかなり楽しそうに勉強していたらしい。それが気になって、保健室を訪ねてくる同じクラスの友達もできた。その子が誘ってくれたので木登りをしてみたら、とっても気持ちがよかった。学校に好きな場所が、また一つ増えた。

ある日、保健室の先生が「全部できるかわからないけれど、理想の時間割を立ててみようか？」と言ってきた。理想の時間割って……僕にとっての理想の時間割？　本当にいいのかな？

「あの……。」

「なに？」

「実験は理科って書けばいいですよね？」

「いいよ。」

「じゃあ、木登りはなんて書けばいいですか？」

僕はかなり真剣に悩んで聞いたのだけれど、先生は「そのまま『木登り』でいいじゃない？」と言ってくれた。

「あの、じゃあ……。」

「なに？」

「この前、畑に苗を植えたじゃないですか。あれ、またやりたいんですけど、あの時間は『畑』でいいですか？」

先生はまたにっこり笑ってうなずいてくれた。

それから僕は夢中になって時間割を作っていった。理科は毎日一時間入れよう。いや、でも待てよ。実験の準備がけっこうかかるのもあるから、二時間の方がいいかな。午前中、全部理科にしちゃうか？　国語と算数もいるよなぁ。でもあれは一時間まるまるじゃなくて半分でいいや。あと、畑でしょ。読書でしょ。あ、休み時間もいるよね。お兄さんたちとも遊びたいし。それと、担任の先生が教室の授業をオンラインで配信してくれるって言っていたっけ。友達が「今、国語で勉強している『お手紙』の劇をやるんだ。見てほしいな。」って言っていたし。教室に行くのはまだちょっと怖いけれど、オンラインなら大丈夫だから、たまには見るのもいいよね……。

何分くらいかけただろう。かなり真剣に考えて作った時間割を見せる僕に、保健室の先生が言った。

「じゃあ、来週からこの時間割でやってみよう。うまくいかなかったらまた考えようね。」

途中で変えてもいいのか！　それ、安心だな。自分で作った時間割を見て、僕はボソッと「早くこの時間割で勉強してみたいな。」とつぶやいた。すると先生が「ちょっと前までは『やりたいことはありません』と言っていたのにね。」と笑った。

そうだった。いつの間にか僕は、やりたいことがたくさんあって学校に通うようになっていた。相変わらずやさしく微笑む先生に僕は言った。

「だってね、先生。自分が学びたいことを学ぶのって面白いんですよ？」

解説1

学びの居場所を問う

加瀬　進

「僕」は論理的に生きている

この「寓話①」を理解するためのヒントが、最初のパラグラフにたくさん出てきます。それは「僕」の戸惑いです。もう一度読み返していただけますか。「なんでだろう」「まさか」「よくわからない」「先生は褒めてくれたけれど……（中略）からかうように言ってきた」。そして「僕」は学校に行けなくなるのでした。

全国学力・学習状況調査の導入後、「学校スタンダード」「授業スタンダード」という学習指導を中心とした「羅針盤」を明示する学校、自治体が増えてきました。教師の多忙化が解消されず、教員同士の学び合い（OJT）が減少する中で、頑張っている先生を応援する、困っている先生をサポートするための具体的な助言集とも言えます。例えば「具体物を提示する～写真や図表、動画、楽譜、絵、デジタル教科書の活用／資料の段階的な提示／複数の資料の比較・対比」などです。しかしながら、ともすると「スタンダード」に合わせられない子どもに対しては見えない社会的排除のツールとして機能してしまうリスクがあります。また、子ども向けの「スタンダード」も少なからずあって（離席しない、静かに話を聞く、名前を呼ばれてから話す等々）、学級経営や児童生徒指導に役立つようにという意図から離れて独り歩きし、子どもを縛る「暗黙のルール」となって、同様に社会的排除に繋がりかねません。

しかしながら、最も深刻なスタンダード、暗黙のルールが潜んでいます。それは「無用な（先生が無用と思う）質問はしない」というものです。「僕」はたくさんの疑問を抱えています。でも、説明してくれる先生はいません。やがて無意識のうちに刷り込まれた「無用な質問はしない」というルールが重荷となって学校へ行けなくなったのです。でも、ちょっと考えてみませんか。彼の戸惑い、それは実に真っ当な問いであり、それに忠実にしたがう「論理性」の下で生きようとしている証ともいえるのではないでしょうか。

「僕」の生きづらさを追い詰める問い

「僕」の戸惑いは続きます。怪我をしたときに行く保健室に、怪我をしていないのになぜ行くのだろう？　学校でどうしたいかを聞かれ、教室以外のところでしたいことをしていい、などルールを守らなくて良いという対応が始まる。「僕」はびっくりし続けます。おそらく彼が「あ〜、やっぱり」と感じたのは好きなゲームの話に入れず、先生と話すことになった、というスタンダード準拠の場面ではないでしょうか。

そうして「僕」は校長先生までが登場してくる「優しい、思いやりたっぷりの問い」に追い詰められ、「したいことを考えること自体がもう面倒くさくなり」、「学校で嫌な想いをするよりかはずっといい」と学校を休むことを意識的に選択するのでした。学校における学びの居場所の喪失であり、放棄です。

自らつくる「学びの居場所」

そのような中、「僕」がちょっぴり惹かれる保健室の先生が、保健室に自分からやってきたときをチャンスに「僕」に寄り添い始めます。この先生はきっと不思議な力を持っているのでしょう。学校のスタンダードを尊重しつつ、実は子どもファーストのマイ・スタンダードを貫いているようです。では、保健室の先生がタブレットを取り出してからのやり取りをもう一度振り返ってみます。なお、カッコ内は筆者の追記です。

保健室に行くと、先生は相変わらずやさしく微笑みかけてくれた。僕が正直に「やりたいことはありません。」と言っても、先生の微笑みは変わらなかった。
「ねえ、一人で考えても何も浮かばないのでしょう？　だったら、一緒に探そうか！」
先生はそう言って、タブレットを取り出した。何をするのだろう？
「私が質問するから答えてくれる？」（「僕」が探索するプラットホームの提示）
「はい。」
「教室は行きたくないって言っていたよね。」（「僕」がほっとする繰り返し）
「うん、教室は行きたくないです。」
「じゃあ、教室以外の場所で好きな場所はある？」（「僕」の探索の促し）
好きな場所？　んー、あ、そうだ。
「カメのいる池。」
「ああ、そうなの？　カメが好きなの？」（「僕」の興味関心に寄り添う繰り返し）
「カメも面白いけれど、カルガモが卵を産みに来るのが好き。ちょっと不思議だけど。」
「不思議？」（「僕」の戸惑いの発見）
「うん、まだ巣立つわけない小さい雛がどんどん減っていっちゃうのが。」

こうして「僕」は自分の中にあるたくさんの「不思議」を想起して、その理由を明らかにできそうな

「実験」という、学校でやってみたいことを自ら発見します。同時に電話一本で理科の先生や用務員さんがすぐに駆けつけてくれる保健室の先生の凄さを発見できるのも論理的な「僕」らしいですね。

この後は本文を読んでいただいての通りです。理科の実験のために必要な計算や漢字の勉強、「僕」がかわったことを「不思議」に思うクラスメートとの再会と木登り、途中で変えても良い自分の理想の時間割づくり等々。「僕」は自分の学びを自分で設計し、保健室やオンライン、そこにいる保健室の先生や大学生、折々にやってくるクラスメートなど、「学びの居場所」を自ら築きあげていくのでした。

「わかる」とは「かわる」こと

ところで、佐伯胖先生は著書『わかるということの意味――学ぶ意欲の発見』の中で、「文化的実践」という概念を提唱されています。[1]

「人間は自分たちの生活を「よりよくしたい」とねがっています。そのために
(1)「よい」とは本来どういうことなのかをさぐり（価値の発見）、
(2)「よい」とする価値を共有しようとし（価値の共有）、

(3)「よい」とされるものごとつくりだし（価値の生産）、
(4)「よい」とされるものごとを多く残したり広めたりする技術を開発します（価値の普及）。
このような人間の営みによって生み出されるものごとを「文化」と呼び、(1)～(4)のような人間の活動を「文化的実践」と呼びましょう。

筆者はこの提唱に共感し、長年、「学び」とは子どもがこうした「文化的実践」に、教師をはじめとするさまざまな人たちからの「この世界に入ってみよう」という誘いを得て、一緒に参加することであると考えてきました（文化的実践への共同参加）。もちろん、子どもの動機と力は多様ですから(1)～(4)のすべてに参加することを前提にはしません。むしろ子どもが「わかる」ことによって「かわる」ことこそが重要です。最後に「だってね、先生。自分が学びたいことを学ぶのって面白いんですよ。」と語ったときの「僕」の笑顔は輝いていたに違いません。

縛らない教育、縛られない学習が奪われかけた「学ぶ権利」を保障していく好事例と言えましょう。

文献

(1) 佐伯胖『わかるということの意味——学ぶ意欲の発見』岩波書店、一九八三

寓話②

「みんなと同じ」をアンロック

　卒業を前に学校生活をふり返ってくれって？　先生も優しい顔して酷なこと言うよね。私の学校生活がどれだけ大変だったか、保健室で見ながら全部知っているのに。まあ、今はいいけどさ、友達とも仲良くやれているし。うん、卒業するのがさみしいって思うよ。中学年の頃まではあんなに大変だったのに。

　まずは給食よね。見たことも聞いたこともないようなメニューのものが出てきて「これ、無理」と思っても「残していいですか。」って、先生に聞かないと残すことができない。「将来、立派な体にならないよ。」「それしか食べないのでは頑張れないよ。」とか言われるけれど、大きなお世話。でも、ほら。給食の時間が怖いってお母さんに話したら、保健室で先生とも相談して、給食は保健室で食べることになったじゃない？　苦手なものは無理して食べなくてもいいし、食べられないときはお弁当を持ってきて食べてもいいことになったでしょう？　あれですごく楽になったの。

　それと「そうなんだ、つらいことはつらいって言っていいんだ。何かを変えることで、つらかったことが楽になることってあるんだ。」って学んだのだと思う。それからは、色々なつらさを先生と相談して解決していったよね。

「ちゃんと話を聞きましょう」問題もその一つ。自分でもどうしてかよくわからないけれど、天井のエアコンの吹き出し口や、天井の模様が気になって、気づいたら見ちゃう。見ちゃうけど、ちゃんと話は聞いているの。聞いているのに「ちゃんと話を聞きましょう」って、注意される。あれ、嫌だったなぁ。

でも、担任の先生が、エアコンの吹き出し口の模様が見えないように布を貼ってくれたんだよね。そうしたら気にならなくなった。さらに、授業中、黒板に書いた大事なところには、私の好きなキャラクターのマークを貼ってくれるようになった。あれでずいぶん他のところを見ないようになったと思うな。それで担任の先生に「先生、凄い！ ありがとうございます！」って言ったら「保健室の先生に教わったやり方なんだ。」って教えてくれた。裏で糸を引いていたのは先生だったんだよね！

そうやって自分のつらいことを一つ一つ解決していくうちにだんだんとわかってきたのだけれど、私はみんなと一緒に勉強するのが疲れちゃうのよね。

一人でプリントの問題を解くのはいいのだけれど、みんなで答え合わせするのが嫌。正解だってわかっているのに聞いていなくちゃいけないし、わかってるっていうのに先生の説明を待たなきゃいけないし。答えを言えない子がいたとき、代わりに言ってあげたら怒られるしね。

授業だと、グループで話し合うのが苦手だったな。別に話し合いたいなんて思っていないのに「話し合おう」と言われても、何を言えば言いのかわからなかったし……。我慢してみんなの話を聞いていても、何を言っているのかよくわからなかった。いやだったなぁ、話し合い。

でも、四年生のときだよね、ちょっと変わってきたのは。あのときの担任の先生は話し合いのときになるとススっと私に近寄ってきて「〇〇について、自分の考えを言いましょう。」ってアドバイスしてくれた。「そうか、それを言えばいいのか」ってわかると、少し話せるようになった。うん、でも友達の話はまだちゃんと聞けていなかったよね、あの頃は。

五年生のときの担任の先生はパソコンが得意だったでしょう？　あれも良かったな。話し合いじゃなくて「意見をチャットで投稿しよう」ということがよくあった。それならできるし、みんながどんな意見なのかもよくわかるしね。

びっくりしたのは授業でオンライン会議をしたことかな。いつものようにグループで話し合いをするときに、先生が「オンライン会議で話し合いしますよ。」って言ったの。みんなでイヤフォンをつけてオンライン会議に入ったら、先生がみんなをブレイクアウトルームに分けてくれた。すごく衝撃的だったからよく覚えてる。私とマー君とまいちゃんの三人で、「大造じいさんはどうして銃をおろしたのか」ということについて話し合ったの。そういうの一番、苦手だったのだけれど、イヤフォンをつけて話し合いをしたら、びっくりするくらい友達の声が聞こえて、話し合いがしやすかった。マー君の言っていることも、まいちゃんの意見もすごくわかって、私も自分の意見が言えたの。

そう、私はうるさい中で話し合うのがダメだったの。だからイヤフォンをつけて話し合いをしたとき、「いつもこうだったらいいのに」って思った。教室でもみんなの声や校庭で体育をしている子の声や飛行機の音、全部の音が大きいから、よく聞こえない。自分が話そうとしていることもわからなくなっちゃう。

それを保健室で先生に話したんだよね。そうしたら担任の先生が、人の声だけ聞こえやすいイヤフォンを使わせてくれるようになった。そうしたら、とってもうるさかったエアコンや外の音が聞こえなくなって、友達の話を聞くことができるようになった。あれは画期的だった。

イヤフォンをつけてから、クラスの子と話すことが増えた。それで五年生で初めて仲のいい友達ができた。そう、あかり。私もあかりもボカロ（ボーカロイド）が大好きで、私が好きなボカロの歌を完コピしたら、すごいねって、喜んでくれた。そう、私、歌が得意だから。

そのボカロのことがクラスの子にも広まって、みんなに「完コピの歌って！」と言われて、歌うことになった。緊張したけれど、イヤフォンをつけて、タブレットからＹｏｕＴｕｂｅの音を流しながら歌ったら、最後まで歌うことができた。みんなが喜んでくれて、私もとっても嬉しかったな。

想定外だったのは担任の先生にも聴かれていたこと。あの人、パソコンだけじゃなくて、よくわからないけれど、カメラとかマイクとか、そういうのもやたらと詳しくて、「そんなに歌がうまいなら放送室でTHE FIRST TAKEみたいに撮ってあげるよ。」って言われたの。見た？私の歌っている動画。あれ、全校放送でも流されたから、私、すっかり有名人になっちゃって。一年生なんて私のこと見て「あ、歌のお姉さんだ！」って言うの。ちょっと笑わないでよ！

でも、自分の歌でみんなが喜んでくれるのは、とっても嬉しいの。担任の先生に教わって、動画の撮り方を教えてもらって、完コピした歌や自分でボカロで作った歌をクラスの趣味のグループ欄に動画投稿しているんだ。そうすると、普段はあまり話さないクラスの子からも、コメントをもらえるの。それは嬉しいな。

その頃には、学校生活がずいぶん楽しくなってきていたのだけれど、最後の難関が発表だったかな。夏休み明けに自由研究の発表会があったでしょう？　あれがもう本当にいやでいやで。だいたい発表って嫌いだったの。間違うと恥ずかしいのだけれど、緊張すると何を話すか忘れてしまうし。だから自分から発表することは絶対しなかった。低学年の頃は、私が話せないと、先生が代わりに説明してくれたこともあった。でも、それも嫌だったな。だって、そんなことをするのは私だけだったから。

憂鬱だったのが六年生の自由研究の発表。体育館で一人ずつみんなの前に立って、発表しなければならないでしょう？　だいたい夏休み明けなんて、学校に行くことすら面倒だなと思う時期なのに、そんな発表なんてストレスでしかない。

ううん、自由研究自体は嫌いじゃないの。夏休みに時間をかけて頑張って調べたから、けっこういいものになったと思うし、みんなにも知ってほしいな、と思う気持ちがないわけじゃないの。でも、発表は……。トイレに隠れるわけにもいかないし、保健室に逃げても仮病だってすぐ見抜かれるし。そうだよ、先生、優しい癖に仮病はすぐ見抜くよね。

でも、二学期の始業式の後だったかな。数日後に迫った発表会がいやでいやで、何となく足が保健室に向かってしまって。そのときの私が抱えていたつらさも先生、見抜いていたよね。だから、「ロボットで発表しよう!」っていう提案したんでしょう?

最初は「この人、何を言っているのだろう?」と思ったの。「暑くておかしくなっちゃったのかな?」って。でも、そういうわけじゃなかったよね。

あのロボットにはびっくりした。私が作った発表のスライドを読み込ませたら、「発表を始めます。」って語り出すのだもの! 発音はちょっと変なところがあったし、漢字を読み間違えるところもあったけれど、それは私がやっても同じようなものだから問題なし。

発表会のとき、私が机の上にロボットを置いたら、みんなザワザワしていたけれど、ロボットが話し始めたら、みんな熱心に聞いてくれた。私が「発表が苦手」ということはみんな知っていたし、担任の先生がクラスの子にはあらかじめ話しておいてくれたから、何だか応援されているような気持ちになったの。

発表が終わったときの拍手は忘れられないな。人前で発表すること自体が苦手だったから、発表で拍手をされることなんてなかったもの。それなのにすごい拍手で。

その後の質問もすごかった。他の子のときは、手があがっても一人か二人だったのに、私のときだけ十人以上の人が手をあげてくれた。嬉しかったけれど、でも、ちょっと困った。だって、質問の答えまではスライドに書いていないから、ロボットに答えてもらうわけにはいかないからね。

先生が「また今度にしてもいいよ」と言ってくれたけれど、その質問には何だか答えられそうな気がしたから、自分で話してみたの。

どんな質問だったかって？　私の発表は、私がいつも曲を作るときに使っているアプリについての発表だったのだけれど、アプリを作っている会社の人へのインタビューもあったのね。それに対しての「どうやってアプリを作っている会社の人に話を聞くことができたのですか？」という質問だった。

それで「アプリを作っている会社のホームページにお問い合わせフォームがあったので、そこに『インタビューをしたい』って書いたら、会社の人からメールが来ました。」って答えたの。その答えに対しても、みんなすごく拍手してくれた。ロボットの発表に拍手をもらったときも嬉しかったけれど、質問に答えられたことへの拍手はもっと嬉しかったかな。

うん、それで、発表が怖くはなくなった。緊張はするよ。緊張はするけれど、怖くはないし、絶対にできないとは思わなくなったかな。最近は、スライドショーにあらかじめ録画しておいたものを組み込んだり、アバターに話させたりすることにも挑戦しているよ。でも、短い発表だったら、全部自分でやるようになった。進歩したでしょう(笑)?
六年間、ずっと通ったこの保健室ともさよならかぁ。でも、通う目的はずいぶん変わったよね。低学年の頃は本当にどうしようもなくなって来ていたのが、中学年の頃からは困り事をどうやったら解決できるか相談に来ていたでしょう? 今は、そういうのじゃなくて、愚痴か恋バナだよね(笑)。愚痴は、そりゃ言うでしょ。うちの担任、本当に面倒くさがり屋のダメ人間だからさ。愚痴言いたくもなりますって。え、本人に? 言ってる。毎日、言ってる。でも、まあ変わらないね、あれは。

そんなダメ人間のくせに、最後の学級通信だけは、いい先生全開で一人一人にメッセージを書いてきたの。あれはズルすぎる。私にも「苦手なことがあるのは悪いことじゃない。どうやったら苦手を乗り越えられるか、すごく工夫するようになった君は、この先の人生のどんな苦労もきっと乗り越えられる。」って書いてた。あれは泣くよ。うん、あれは泣く。

ねえ、なんで話を聞いただけで先生が泣いてるの? 困るんだけど。私がこれから万感の思いを込めて先生にお礼の言葉を言おうとしているの。それを聞くまで、どうして我慢できないかなぁ。あー、もう、これが六年間最後の困りごとだ!

解説2

子どものSOSから支援へ

――〈私〉の語りから見えること

宮下佳子

はじめに

寓話②は、「私の学校生活がどれだけ大変だったか」という、小学校卒業を前に学校生活を振り返ったときの〈私〉の語りから始まります。そこには〈私〉の学校生活における困り感、そのときの〈私〉の感情、〈私〉に寄り添うさまざまな工夫や手立て、そして〈私〉の学びが、語りを通してリズミカルに描写されています。

学校現場では、子どもの困り感に気づく力、見抜く力、実践力が教員に求められています。「この子はこうすればできるはず」と、ともすれば大人の視点で考えてしまいがちですが、子どもの強みを生かすことも重要です。保健室の先生や担任の先生の提案は一見、「すごい！」と感じる魔法のような提案に見えますが、着目したいのは、それが「学校で実現できる方法（手立て）」であり、経験するごとに〈私〉が自己肯定感を高め、自己効力感につながっているという点です。それらの具体的内容について〈私〉の語りから見ていくことにします。

〈私〉のSOS「困り感」

まずは給食について、〈私〉は次のように語っています。「給食の時間が怖いってお母さんに話したら、給食は保健室で食べることになったじゃない？　苦手なものは無理して食べなくてもいいし、食べられない時はお弁当を持ってきて食べてもいいことになったでしょう？　あれですごく楽になったの」。保健室の先生との話を通して、「つらいことはつらいと言っていいんだ」と感じ、「それからは、いろいろなつらさを先生と相談して解決していったよね」と、相談できるようになったことがうかがえます。子どもが学校で安心して過ごすためには、そこに相談できる大人がいることが不可欠です。誰にも相談できず、困っていることを解決することもできず、結果的に大人や周りの子どもたちへの不信感から不登校になってしまった子どもも少なくありません。子どものSOSに気づくことは、子どもの声（語り、つぶやき）に丁寧に耳を傾けることであり、学校にいる大人は全員そのことを心にとめて子どもたちに向き合う必要があると考えます。

〈私〉に寄り添う「魔法の手立て」

また〈私〉は、「ちゃんと話を聞いているのに、注意される」ことを相談していますが、「吹き出し口の模様が見えないように布を貼ってくれた」ことで気にならなくなり、「黒板に書いた大事なところに好きなキャラクターのマークを貼ってくれて、他のところを見ないようになった」と語っています。刺激を回避することで授業に集中できるようになった例ですが、前者はエアコンの吹き出し口に紙ではなく布を貼ったこと、後者は黒板に貼ったのが好きなキャラクターであるのがポイントです。紙でなく布（音の違い）、見栄え、本人の好きなものというのが、〈私〉に寄り添った支援だからです。

さらに、ふり返りの中で「グループで話し合うことが苦手だった」と〈私〉は語っていますが、四年生の時の担任の先生が「〇〇について自分の考えを言いましょう」とアドバイスしてくれたことで、『それを言えばいいのか』とわかると、少し話せるようになった」と実感しています。「先生がススっと近寄ってきてアドバイスをくれた」ことで話ができたのは、先生のさりげない声かけ（配慮）がうまくいった例です。

また、五年生の時の担任の先生はパソコンが得意で、「びっくりしたのは授業でオンライン会議をしたことかな。みんなでイヤフォンをつけてブレイクアウトルームに参加でき、びっくりするくらい友だちの声が聞こえて話し合いがしやすかった」と〈私〉は語っています。「教室でもみんなの声や校庭で体育をしている子の声や飛行機の音、全部の音が大きいから、よく聞こえない。イヤフォンをつけて話し合いをしたとき『いつもこうだったらいいのに』って思った」という語りからもわかるところです。さらに保健室でそのことを話したら、教室でイヤフォンを使うことになり「クラスの子と話すことが増えた」「初めて仲のいい友だちができた」と実感しています。保健室の先生と担任の先生との見事な連携です。子どもが「つらさを解決していった」「できるようになった」と感じることができたのは重要な点で、授業での指導や支援方法を考え、配慮や工夫をするとき、子ども理解に基づく校内での連携（情報共有を実践に結びつける）が不可欠であることはいうまでもありません。

自分の世界を拓いた〈私〉

保健室の先生との相談、担任の先生との連携により繰り広げられる「魔法のような手立て」によって力をつけていった〈私〉は自分で自分の世界を拓いていきます。友だちのリクエストで「完コピで歌ったらみんなが喜んでくれて、とっても嬉しかった」と実感する〈私〉に「歌っているところを全校放送で流されて「歌のお姉さんだ！」と言われるほど有名人になっちゃった」という経験をしています。

さらに自分でボーカロイドで作った歌を趣味のグループ欄に動画投稿する技術を担任の先生から教え

てもらい、そのことでクラスの子からコメントをもらえる機会にもなったことは、コミュニケーションツールの一つになっていったと考えられます。本人も「それは嬉しいな」と感じていることは何より大きな経験です。

また最後の学級通信で、担任から一人一人へのメッセージの中で「苦手なことがあるのは悪いことじゃない。どうやったら乗り越えられるか、すごく工夫するようになった君は、この先の人生のどんな苦労もきっと乗り越えられる。」と書かれていたことに「あれは泣く」と話しています。こうした感動が大人への信頼感になり、自信と工夫につながると確信しています。文部科学省の「COCOLOプラン」[1]でも、心の小さなSOSを見逃さず「チーム学校」で支援することが大事だと明記されており、どの学校でも目標になるべきところです。

生徒指導の観点からみる〈私〉の語り

文部科学省は生徒指導について「児童生徒が、社会の中で自分らしく生きることができる存在へと、自発的・主体的に成長や発達する過程を支える教育活動のことである。なお、生徒指導上の課題に対応するために、必要に応じて指導や援助を行う」と定義しています。[2] また、生徒指導実践上の観点(4)安全・安心な風土の醸成では、「お互いの個性や多様性を認め合い、安心して授業や学校生活が送れるような風土を、教職員の支援の下で、児童生徒自らが作り上げるようにすることが大切」と指摘していますが、〈私〉の語りに見られる自己理解と自己変容（教室での新しい体験とさまざまな感情の経験）から、保健室だけでなく教室も安全・安心な風土と捉えることができていたことがうかがえます。

「六年間、ずっと通ったこの保健室ともさよならかぁ」「通う目的はずいぶん変わったよね」「低学年の頃は本当にどうしようもなくなって来たのが、中学年の頃からは困り事をどうやったら解決できるか相談にきていたでしょう?」という〈私〉の語りから、保健室が居場所としての機能と相談室としての機能を持っていたこと、そしてそこで成長した〈私〉の巣立つ思いを読み取ることができます。保健室での魔法のような提案（配慮と工夫）から、できたことを実感し、参加感、満足感を味わうことができたことは、〈私〉の将来の自立につながる大きな経験であったと確信しています。そして、それこそが子どもの「生きる権利」「育つ権利」「参加する権利」「守られる権利」を保障するものであり、子どもの最善の利益といえるのではないかと考えます。

〈私〉の不安を安心にかえる魔法のような多くの提案と成功体験は、〈私〉と保健室の先生や担任の先生との信頼関係に基づく実践ですが、〈私〉にとって大きな経験と学びになったのと同時に、保健室の先生や担任の先生にとっても〈私〉の成長を身近で実感できたことは大きな財産になったのではないでしょうか。もちろん学校教育の枠組みも子どもたちの社会的自立においては必要です。しかし、そこを少し緩めるだけで子どもたちの学びを抑え込むことなく伸ばしていくことができる、その実感こそが教員の醍醐味と言えます。また、子どもの強みを生かすだけでなく、大人の強みも見て取ることができ、子どもと先生（大人）の学び合いとその喜びを教えてくれます。

文献

(1) 文部科学省「誰一人取り残されない学びの保障に向けた不登校対策（COCOLOプラン）」二〇二三
(2) 文部科学省「生徒指導提要（令和四年十二月改訂版）」二〇二二

第4章

「特定分野に特異な才能のある子どもへの支援」がすべての子どもの学びをひらく

学校には「絵を描くのは好きだけれど、字を書くのが本当に苦手です。」「恐竜が好きで、海外のサイトは英語で調べて研究していますが、勉強は苦手だし、嫌いです。」「何がしたいのか、好きなのかわからない。」といった学びに困難を抱えている子どもがいます。そうした子どもの学習支援をどうすればよいか。この章では、子どもの「好き」と「学びにくさ」の両方にアプローチするために「楽しい、ワクワクする」をキーワードに実践した授業を紹介します。

1 「内容が高度」でもロックをかけずに取り組んだ宇宙の授業

●特定分野に特異な才能のある子どもを発見するには？

私たちが文部科学省「特定分野に特異な才能のある児童生徒への支援の推進事業」に申請して、採択された際、コメントがついていました。それは、「想定している児童以外にも特定分野に特異な才能のある児童がいる可能性はあるので、その特定から取り組んでほしい」というものでした。

ご指摘の内容はもっともなのですが、さて、どうしようかと悩みました。全校児童六百三十人に何らかの心理検査を実施する？　いやいや、それは子どもにとっても学校にとっても負荷が大きくて現実的ではないでしょう。では、どうするか。

藤野博先生にもご相談して、私たちは次のような方法を取ることにしました。

どんな特定分野に特異な才能のある子どもがいるかはわからないけれど、普段の学校生活で子どもを見ていて、そういった特性を持っていそうな子どもがどういったことに食いつくかは、なんとなくわかる。では、外れるかもしれないけれど、そういった子どもが食いつきそうなイベントや特別授業をいくつか開いてみよう。そこでの子どものふるまいを観察すれば、特定分野に特異な才能のある子どもを発見できるのではないか。もし発見できなかったとしても、教育活動として魅力的なものであれば実施して悪いことはないだろう。何より、この方法なら子どもにも学校にも無用な負荷はかけずに済む。

さて、ではどのようなイベントや特別授業を実施するか。

パッと思いついたのは自然の中に子どもを連れて行くことでした。これは山梨県四尾連湖でのLikes & Freeとして結実していきますが、こちらは校外活動になります。それでは特別すぎて公立学校では不可能な場合も多いでしょう。やはり、実現可能性の高い学校の中で行える活動も取り入れたいところです。

そこで、宇宙物理学を研究されている東京学芸大学自然科学系物理科学分野准教授の小林晋平先生にご相談して、二つの授業を実施していただくことになりました。その一つ目が宇宙の授業です。

● アンロック・ラーニングを体現した宇宙の授業

正直に書くと、小林先生は「ブラックホールの授業、やりましょう。絶対、盛り上がりますよ!」とおっしゃっていたのですが、私たちにはちょっと不安もありました。

宇宙について学ぶのはいつか。小学校では、四年生で「月と星」を学びますが、これは「月の形と位置の変化」とか「星の明るさ」といった辺りのことです。六年生の「月と太陽」でも月の位置や形と太陽の位置の関係を学んだりするくらい。「太陽系」「恒星」「天体の動き」といったことを学習するのは中学三年生です。ブラックホールについて学ぶのは、高校の物理を待たねばなりません。

そんな段階にある子どもに「ブラックホールの授業」が本当にうけるのだろうか? 今回の宇宙の授業の対象は四年生と六年生。授業が始まるまでは「大丈夫なのかな……」という思いでいました。しかし、それは完全に杞憂に終わります。

とにかく小林先生が魅力的な方なので、自己紹介から四年生も六年生も完全に引き込まれていて、いざ宇宙の話に入って「宇宙について考えたことある?」とふられると、早速「宇宙の果てってあるの?」「ブラックホールの中って空気があるの?」といった質問がいくつも飛び出てきます。そうした質問に対して小林先生が毎回「いやぁ、それはいい質問だなぁ。」「鋭いな、その着眼点!」

と激しく肯定されていたのは素晴らしかったです。

その後、子どもは「三つの点を結ぶ線の合計が最小になるには?」「四つだったらどうなる?」と問題を出されながら、実験（図４－１）で確かめていく活動を通して宇宙の謎に迫っていく授業に夢中になっていったのでした。

「小学生にブラックホールの話がうけるのかな?」と考えた私たちの発想こそが貧困だったことが明らかになったわけですが、授業の着地点はまったく予想外のところでした。

小林先生が子どもに語ったのは「君たちは宇宙を広げる最先端にいるんだ」ということ。Enhance The Horizon という言葉を紹介しながら「君たちが勉強し

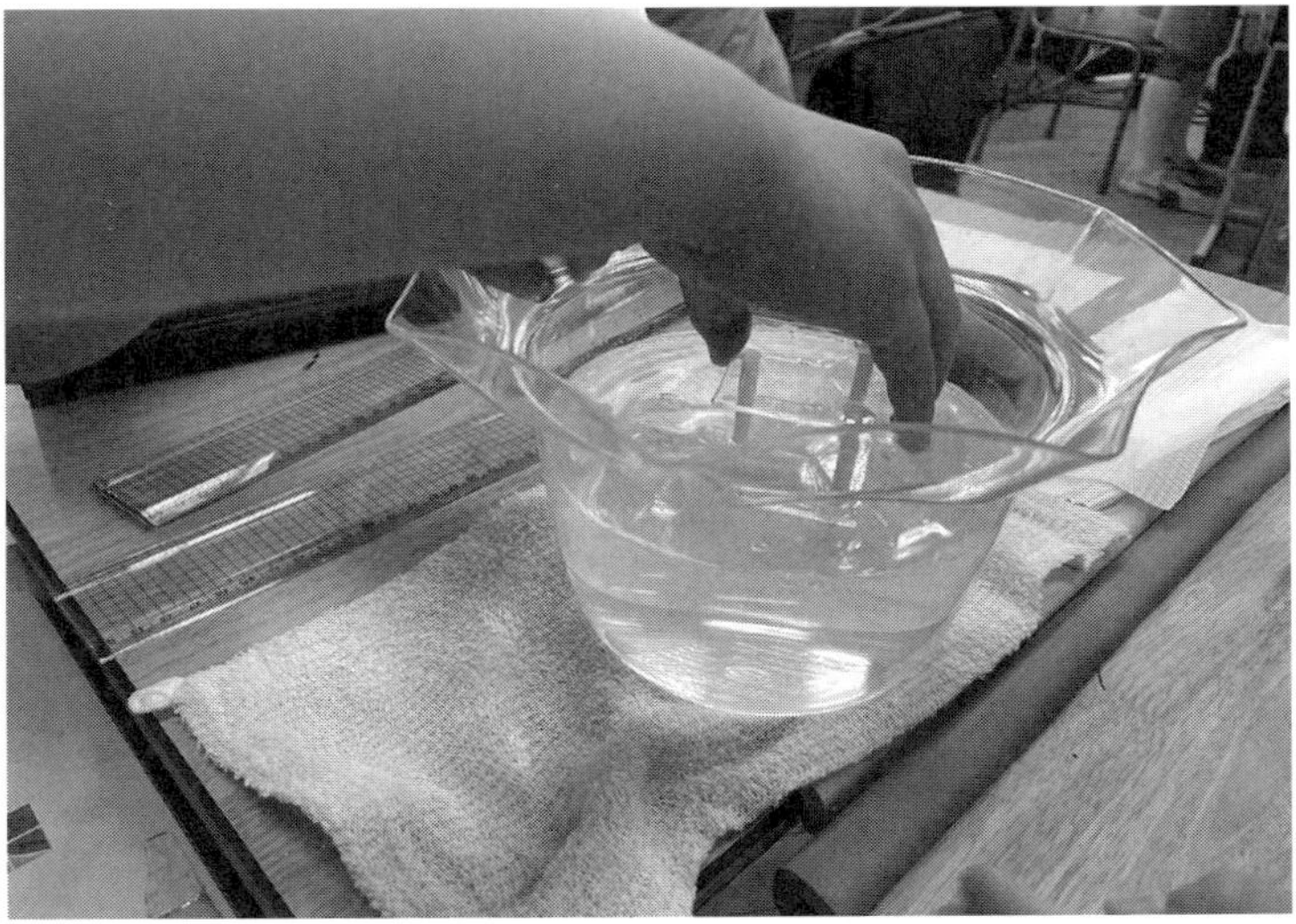

図4-1　シャボン液を使った実験

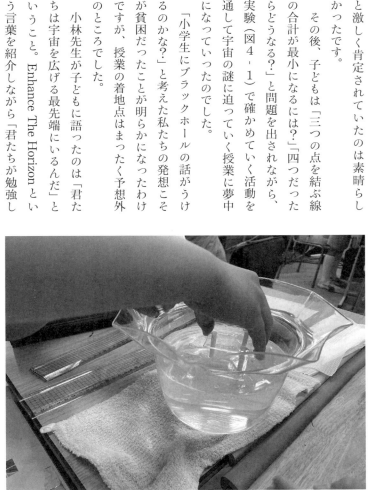

て研究して新しく知ることによって、人類が知ることのできる宇宙がどんどん広がっていく。君たちは何のために勉強しているのか。受験のため？　仕事のため？　そんなことはどうだってい い。そうじゃなくて僕らがここにいて学ぶことによって地平線を広げていく。そのために勉強しているんだよ。」と話されて、宇宙の授業は終わりました。

授業の数日後、「小林先生に僕の仮説を聞いてもらいたい」と担任に申し出る六年生がいました。その後、本当に大学の小林先生の研究室を訪ねて「僕はブラックホールのことについてこう考えているのですが……」と話をしにいったとのこと。

「こんな高度なことは無理ではないか」とロックをかけずに学びの機会を設けることが、特定分野で特異な才能を開花させる可能性があることを感じた取り組みでした。

2

算数はナスカに通ず
——「倍」の発想で地上絵をグラウンドに

●学習が苦手な子でも参加したくなるような授業を考える

「宇宙の授業」は、特定分野に特異な才能のある子どもを特定することができれば、という発想から企画がスタートしましたが、実はそれと並行して「教科の学習が苦手な子どもも、才能のある子どもも力を発揮できるような授業を実現したい」という発想もありました。

「宇宙の授業」は小林先生の思いと魅力が爆発した、正にアンロックされた学びが展開された素晴らしい授業でしたが、全国の公立学校に小林先生を派遣するわけにはいきません。公立小学校への展開を考え、既存の教科のカリキュラム内で実施できる授業も開発する必要があります。

すると小林先生が「地上絵を描く活動はどうでしょう」というアイディアを出してくださいました。聞けば、元の絵があり、それを計算によって何倍の線を引けばいいかを求めて、実際にグラウンドに描く活動になるとのこと。それなら算数がピッタリです。

小林先生には「算数のねらいが達成できるかを含めて、すぐ算数部の教員に相談してみます。」とお返事しましたが、その時点でその場にいた全員がワクワクしながら「この授業を実施したい！」と考えたのでした。普段の学校生活で「グラウンドに絵を描く」ということはありませんから、このワクワクを大切にしたかったのです。

算数部の尾形祐樹教諭に相談すると、四年生の「倍の数」の単元であれば無理なく取り込むことができるのではないかと助言をしてくれました。そして「私のクラスでやってみてはどうでしょうか」と実践フィールドまで提供してくれることになったのです。

こうして形は整いました。この授業を実施したら、机上の学習では見られない算数の活動に才能を発揮する子も、算数よりも歴史に興味がある子も、算数が苦手な子も、熱中する授業になるのではないか。「みんなと絵を描きたい」というモチベーションが、課題を解決しようとする力になるのではないかと期待が膨らみました。

●既存の学習をアンロックして、ワクワクした活動につなげる

単元の構成と活動については、主に小林ゼミの大学院生が中心となり構成しました。全四時間のうち二時間は、教室で倍の数の考え方を共有して、方眼紙に作図をする。後半の二時間でグラウンドに地上絵を描くという構成です。

グラウンドに描く絵は四つ。まずはナスカの地上絵で有名な「ハチドリ」です。これは「取り組むのだろうな」と予想していたのですが、それ以外の三つは予想外のものでした。

ゼミ生が考えてきたのは「(尾形教諭の授業で偶然にも学習していた)フラクタル」、「バラ(四角形の頂点をずらした図)」最後は「アンパンマン」でした。楽しそうな図の発想は、学生さんならではと思いましたが、それぞれの図形には、既習の作図や除法を活用するなど、算数の要素が組み込まれていました。子どもたちはグループに分かれ、描きたい図を決め、方眼紙に作図します(図4-2)。最初は等倍、次は二倍……と進めると、子どもたちは「○倍で描いてみよう」「本当に倍になっているのかな」「定規だけで描けるの?」など、それぞれの疑問を話し合いながら夢中で解決しようとしていました。

その中で、算数が苦手だという子が、等倍の図を

図4-2　図を見て倍の数を考える

一人で書いていました。見てみると、頂点が一カ所、本来の位置からズレていました。そのことについて声をかけると、最初、その子は「ちょっとならズレてもいい。」と言っていましたが、「やっぱりみんなと絵を描きたいから、間違えないか見て。」と言って、書き直しました。これまで自分から課題をやり直す姿を見たことがない子だったので、達成したい目的を持つことが前に進む力になることを実感した場面でした。

●学校に無いものは、地域のリソースにアクセスしてみる

数日後、グラウンドで地上絵を描く日がやってきました。ラインは石灰で描くので、子どもたちは、お互いに「合ってる?」「いいよいいよ。」「適当にこの辺でいいんじゃない?」「えっ、もう一度確認しよう。」「直角をどうやって確認する?」など声を掛け合い七〇分くらいかけて描き上げました。完成した絵をドローンで撮影した映像を見たときには、歓声と拍手が起こりました。大成功です。(図4-3)

この授業は、小林ゼミの学生さんがファシリテーターとなり、活動をサポートしてくれたからこそできたもので、担任一人での実施は難しいかもしれません。しかし、各地の大学の教育学部には、教育実習を経験している学生さんが大勢いますし、教育学部ではなくても、子どもたちとの活動をサポートしているサークルなどもあります。

そうした地域にある大学などのリソースを活用することも、この事業でアピールしたいことでした。大学との関わりは非日常的なことかもしれませんが「協力してくれるところがない」という大人の思い込みをアンロックすることこそ、小林研究室のように地域、社会とのつながりを大切にしている方々につながる一歩になるはずです。

この実践についての動画「地上絵プロジェクト」
https://www.youtube.com/watch?v=dOj_poUKTsI

図4-3　グラウンドに描かれた地上絵

解説1

アンロックな内容が興味を広げる
——子どもにこそ「子供騙し」でないものを

小林晋平

私は宇宙物理学者としてブラックホールや宇宙の始まりを研究していますが、研究活動と並行して、講演活動やサイエンスとエンターテインメントを融合させたイベントを行っています。幼児から大人、一般の方からコアな科学ファンまで、これまで何万人もの方にお話ししてきましたが、SF映画やマンガ・アニメのおかげもあり、宇宙の話はどの層にも大人気です。とはいえ、ブラックホールや宇宙の始まりについて深く理解するには相対性理論といった物理学の専門知識が必要になりますので、詳細を本当に理解している子どもには私も出会ったことがありません。

本編でも私の授業がうまくいくかどうか、先生方が不安に感じていたことが書かれていますが、そうした懸念は当然です。高校や大学で物理や数学に「苦しめられた」記憶をお持ちの方が多いことがさらに拍車を掛け、ブラックホールの「授業」と言われると「はたして子どもたちに伝わるのだろうか?」と心配することは無理もないのです。しかし結果は……これも本編に書かれているように、授業は大いに盛り上がり、後日私の研究室に遊びに来る児童がいたほどでした。

大人でも尻込みしてしまう人が少なからずいるテーマで授業をすること、実はここに今回の授業のポイントがあります。実際に今回の授業が示したように、子どもたちは授業の内容が「一般的に難しいと思われていること」かどうかには関心がありません。なぜなら「理解しなければいけない」と要求されているわけではないからです。

私たちが学校で何かを学ぶとき、どうしても「理解しなければいけない」「身につけなければいけない」という使命感が発生します。それは当然のことですが、今回の私の授業の目的はブラックホールについて知識を持ってもらうことでも、物理学の研究手法を身につけてもらうことでもありませんでした。むしろ自分の枠を遥かに超える世界が広がっていて、「詳しいことはわからないけれど、何だかとてつもなくすごいもの」があるということ、そして自分が今学校で学んでいることがそれらに直結しているということを体感してもらうことが目的でした。その目的に耐えうる、「子供騙し」ではない題材を用いたのです。

そして、今回の授業には他者からの評価が存在しません。私たち人間は他人の目を強く意識しており、低く評価されることを不安に思います。しかし今回の授業は、理解しようがしまいが、できようができまいが、「周りから何かを言われるすじあい」がないのです（ちなみに私は科学バーという、お酒を飲みながら科学の話を聞くイベントにもよく登壇していますが、そこでは次から次へと質問が出て、非常に盛り上がります。大人の場合、お酒の力を借りてアンロックするという「ずるい」方法が使えるわけですね）。地上絵の授業もベースは「倍数」「比の計算」といった算数の内容ですが、その習熟度合いに他者からの評価が入る余地はありません。「どうなるか見てみたい」「みんなでいいものを作り上げたい」という児童の内発的動機があるだけで、習熟は二の次なのです。クラスメートはもちろん先生も仲間であって、「評価者」ではありません。事実、授業者だった我々も「どんな絵になるのだろう?」と、ワクワクしながら参加していました。

そもそも私たち人間は、他者からの評価さえなければ、難しいことのほうに興味を持ちやすいという性質を備えています。たとえば「薔薇」という漢字を「テストするから覚えなさい」と言われたら嫌ですが、そうでなければ単純な漢字よりも「薔薇」の方が不思議と興味を引きます。私たちは難しいということそのものではなく、その難しいことを理解しなければ「ならない」とか、身につけなければ「ならない」という義務感に拒絶反応を示しているわけです。

ただし、当たり前のことですが、いくら評価付けがなくても難しいだけで突っ走っては誰もついてきてくれません。スポーツのスーパープレーや音楽の名演奏がそうであるように、素人も玄人も、それぞれの楽しみ方ができるような授業である必要があります。そのためには私たちも、相対性理論の概念をいくつもの実験で直感的に説明したり、拡大図を描く際に難易度の異なる図形を何種類も用意したりと、これまでの知見をフル活用して工夫を凝らしました。そこでは現象の本質を抽出していること、そしてあらゆる理論は有効理論であって、必ず適用範囲が存在することを授業者が熟知している必要があります。そうでないと「似て非なるもの」で現象をたとえてしまうことになるからです。

そして最後に、おそらくこれが最も重要な点なのですが、先生と子どもたちの間に信頼関係がなければいけません。教育には「(いつ発芽するかはわからないが、いつか芽がでることを期待して)種を蒔く」という面があります。植物の発芽に水や空気、適温といった条件が必要であるように、教育の場合、信頼関係という土台がないと種が根付きません。何かを伝えたいと逸る前にまずは子どもの声を「聞く」、この順番を間違えてはいけないのです。

今回行ったブラックホールの授業も、地上絵の授業も、ありがたいことに子どもたちにとても楽しんでもらうことができ、私たちも素晴らしい体験を共有することができました。実はこの授業が成功した最大の要因は、小金井小の先生方が信頼関係という土台を先に作っておいてくださったからにほかなりません。子どもたちに「君たち自身が世界の地平を広げている存在であり、宇宙は君たちが成長した分だけ大きくなるんだよ」ということまで伝えられたのはその土台があったからです。

今回のプロジェクトでは本当にさまざまな糧を得ることができましたが、授業をしてからというもの、小金井小に行くたびに子どもたちから「小林先生だ！　宇宙の先生だ！」とたくさん声をかけてもらえるようになりました。私にとってこれは、このプロジェクトを通じて得た最も大きな喜びであり、研究者仲間にちょっと自慢したくなることなのです。

〔3〕学校の枠から自由になる校外活動

――子どもの「やりたい」に寄り添う

●さまざまな負荷のかかる学校生活

特定分野に特異な才能はあるものの、学校での学びには困難を抱えている。そうした子どもは学校のどういった部分に苦労しているのでしょうか。それは、特定分野に特異な才能を持った子どもだけが負わなければならない苦労なのでしょうか。

さまざまなケースがあるので一概には言えないわけですが、学校の「定められた忙しさ」に息苦しさを感じている子どもは少なくないのではないかと見ています。

とにかく学校は、色々な予定が目いっぱい詰まっています。朝学習から始まり授業時間はもちろん、お昼ご飯を食べる時間も決められています。遊ぶ時間だって「今は二〇分」「今は一〇分だけ」というように決められているわけです。

それが子どもたちにとって負荷になっている部分は多いのではないでしょうか。もちろん、その負荷がかかっている中で一生懸命やっていくからこそつけられる力があることは承知していますし、私自身も子どもにさまざまな負荷をかけて成長させるような教育を日々行っているのは間違いないでしょう。

しかし、それにつらさを感じている子どもがいることも否定できません。「こんなに楽しい遊びを見つけたのに、どうして二〇分しかできないの?」と思う子がいてもおかしくないでしょう。「今は休みたいのにどうして勉強しないといけないの?」と感じる子がいても不思議ではないのです。

そういう子どもたちから、その負荷を外してみたらどんな風になるのだろう? それは学校では難しいけれど、学校とは違う場所に連れ出してみたらどうなるのだろう? それを見たかったというのが自然の中に子どもを解き放つLikes & Free企画のスタートでした。

● Likes & Free@四尾連湖

舞台は山梨県の四尾連湖。一〇分もあれば一周できてしまう小さな湖ですが、周囲に車の道路が来ていないので、とても静かで雰囲気のいい湖です。ここで一泊二日の校外活動を行いました。

実は、校外活動が充実していることは本校のウリで、至楽荘生活(遠泳に挑戦する海での校外活動)、一宇荘生活(登山に挑戦する山の校外活動)があります。高学年になるとどちらも四泊五日。公立学校ではなかなか実現できない充実したプログラムになっています。

しかし、「挑戦」と書いたように、基本は子どもに負荷をかけて成長をうながすような校外活動です。起床時刻から就寝時刻までスケジュールはきっちりと決められていて、子どもにはその時間通りに行動することが求められます。この校外生活を乗り越えた子どもたちは皆「一皮むけた」顔になるのですが、これを「ただただつらい」と感じる子がいるのも事実です。

Likes & Freeでは、子どもにかける負荷を徹底的に取り払いました。四尾連湖に着いたら、まずは湖を一周します。その途中で自然の音に耳を澄ませたり、みんなでゲームをして遊んだりということはしましたし、それ以外にどんなことが可能なのかの案内はしましたが、全員揃っての活動はそれだけ。後は夕食まで完全に自由時間としました。

結果、どうなったか。子どもたちは見事に自分のしたいことをし続けていました。学校でしばしば聞く「つまんない」「やることがない」といった言葉を聞くことはありませんでした。

釣りに没頭する子、ボートで湖に漕ぎ出す子、ライフジャケットをつけて桟橋から湖に飛び込む子……。各自がしたいことをし続けていました。

その表情は学校で見るものとはまったく違います。「大人の目を気にしないで自由にすると、子どもってこうなるのか」というのを実感しました。ふと気づくと、子どもたちは自分のしたいことをする。私たち大人は、自分のしたいことに没頭する子どもたちを見守ったり応援したりする。そういう関係ができあがっていました。

● 学校の枠組みを少しアンロックすると？

さまざまな制限のある学校では、例えば担任の先生は子どもたちの活動を見ながら、ついつい「君、それ違うよ。」などと言ってしまいます。それに居心地の悪さを感じている子どももいるでしょう。しかし、Likes & Free では、そうしたことを言う場面、言いたくなる場面はありませんでした。

もし、そうした居心地の悪さを学校で感じている子と、つい「君、それ違うよ。」と言ってしまう先生が Likes & Free に来たらどうなるでしょうか。

学校では「担任の先生うるさいなあ」と思っていたけれど、「あれ、この人こういうところだと平気なんだ」とならないでしょうか。担任の方も「あれ、この子、学校だと色々気になるけれど、こういうところだと面白いだけなんだ」とならないでしょうか。

学校での生活に居心地の悪さを感じている「特定分野に特異な才能のある子ども」の居心地の悪さを解消する鍵は、案外、こういったところにあるのではないかと感じました。大人も子どもも環境を変えて、お互いの見方を変えてみる。四尾連湖まで行かなくてもいいかもしれませんが、学校の枠を少しアンロックすることが有効な支援につながるように考えています。

● 学校の枠組みを少しアンロックすると？

このLikes & Freeを開催している裏では別のイベントを開催していました。参加している子どもの保護者向けの講演会で、この書籍にもご執筆をいただいている加瀬先生、小林先生、宮下先生にご登壇いただき、特定分野に特異な才能のある子どもについて、また広く子育てについて講演していただきました。

本校は東京学芸大学の附属学校ですが、そこに通う子どもの保護者が東京学芸大学の先生方のお話を伺う機会はそうあるものではありません。正直なところ、そのニーズがあるかどうかもわからなかったのですが、Likes & Freeというイベントにお子さんを参加させる保護者の方にはフィットするのではないかと考えました。そこで、子どもを集合場所の八王子駅まで送った後、キャンパスに移動していただいて講演会に参加してもらったというわけです。

結果は大好評でした。後でうかがったところによると、皆さん、想いが強すぎて持ち時間を大幅に超過して話されたそうなのですが、その熱量こそ保護者が求めるものだったようで、「先生方のお話をうかがえてよかった」という声をたくさんいただきました。

学校がどれだけいいプログラムを用意しても、家庭と手を携えて、家庭の協力を得て教育にあたらなければ、いい結果は得られません。この当たり前だけれど大切なことを思い出させてくれるイベントになりました。

　ところで、実はLikes & Freeに参加している子どもたちの活動でも家庭の大切さを再確認することになる場面がありました。

　二日目の朝食後、固形燃料とメスティンを使い「自分でお米を炊いておむすびをつくりお昼ご飯にする」というアクティビティがありました。炊飯器でしかお米を炊いたことのない子などは、固形燃料に火をつけたらどこかに遊びに行ってしまうなどのドタバタはありましたが、みんな上手におむすびを作ることができました。

　帰りの電車の中でそれを食べることにしていたのですが、「全部、食べないで持って帰る」という子が何人もいました。「お腹がすいていないの？」と聞くと、首をふって理由を教えてくれました。

「美味しくできたから、家族に食べさせてあげたい。」

図4-4 Likes & Free 報告ムービー
（https://www.youtube.com/watch?v=NCyeMuyP6ww）

これはLikes & Freeの活動でリラックスできたからこそ出てきた発言だったのでしょうか。それとも、元々家族への想いが強いのでしょうか。おそらく両方でしょう。子どもが善く育つための基盤は、やはり家庭にあるのだな、と改めて知らされるエピソードでした。

〔謝辞〕

Likes & Free実施にあたっては、「四尾連湖 水明荘」の皆様に大変お世話になりました。

四尾連湖 水明荘ホームページ　https://shibirekosms.sub.jp/

解説2

自然がほぐす子どもと大人の心と体

小森伸一

自然がもたらす癒やしの力

山・海・湖・草原などの豊かな自然の中に入り、面前に広がる美しい風景を目の前にしたことがあるでしょうか。そのときの様子を思い出してみてください。新鮮な空気を肌に感じつつ深呼吸したり、広大な自然美がおりなす景観に感動して清々しい気持ちになったり、波の音・川のせせらぎ・鳥たちのさえずりを耳にして安らぎを感じたりなどといったことを、多少はあれども誰もが体感したことがあるのではないでしょうか。

このように自然には、私たちに癒しやリラックスをもたらしてくれます。自然＝地球生態系の一部である人間は、空気や水、大地の恵みである食物を取り入れて生きています。当たり前のことで忘れている人も多いですが、私たちの生は、地球・自然の営みから切り離すことはできません。つまり、私たちの命は地球・自然と深くつながっているのです。このように考えると、私たち人間が心地よいと感じる自然の中に身をおくことで、精神的な落ち着きや安心といった心の平安を感じるのは自然の摂理とも考えられます。

子どもの心身は自然の中で活性化する

タイトルにある「ほぐす」の一般的な意味は、「緊張をほぐす」などの言葉があるように、こりかたまっているものを柔らかくすることです。それゆえ、「心をほぐす」とは、ストレス等が原因でかたくなってしまっている精神状態を緩めたり和らげたりすることと理解できます。すなわち、「心をほぐす」とは、気持ちをリラックスさせたり回復させたりするプロセスと解釈できるでしょう。事実、自然を体感する行為には、そのような「心をほぐす」作用＝リラクゼーション・癒しの効果が見られることが、近年の研究で実証されてきています。

例えば、私たちは山・海・川・草原など広々とした空間を眺望しただけで（それが写真であっても）、新陳代謝が高まって血流が活発になり、脳波や心拍数はリラックス傾向を示し、一方で脳機能は覚醒状態となることが確認されています。また別の調査でも、自然の風景を見たり感じたりすることでの心拍数の低下＝リラックス効果が同様に認められており、病気の治癒効果があることも報告されています。(1)

加えて、このような心に安らぎや平穏がもたらされるといった肯定的な作用、いわばポジティブな心理傾向となると、人はより視野が広くなり創造的となって、知的・身体的・社会的・心理的な能力を向上させることも実験によってわかっています（拡張-形成理論[2]）。したがって私たち人間は、自然を体感することで心身共に総合的に活性化していく様相が見られるのです。

筆者は野外環境教育を専門とすることから、豊かな自然環境の中で、子どもたちとのキャンプ体験を多くしてきました。そこでよく目にするのは、子どもたちが広大な美しい自然を目の当たりにすると、ワクワク・イキイキした表情となることです。そして野に放つと、活発に動き回り、多くの笑顔と共に精力的に遊び始めます。それは本来人間が持っているものの普段の都市生活（自然との関係が希薄）ではオフとなって使われてはおらず、しかし自然に触れ感じつながることで、何か突然スイッチが入って生命エネルギーが湧出するといった感じです。

好影響は大人にも波及し循環していく

そして、これは子どもに限ったことでなく、大人（保護者・先生等）についても同じことがいえるでしょう。大人も心地よく感じる自然に身をおくことで、先述したような〝心をほぐす〟作用、いわば、心理的ポジティブ作用＝心身の活性化効果がもたらされています。大人が子どもと一緒に自然に入るようなときは、大人は引率する立場で子どもたちの安全管理や活動をサポートする役回りとなります。しかし筆者自身がそうであるように、単にそのような指導的な役目を果たすだけではなく、大人自身も自然に安らぎを感じてリラックスしたり癒されたりすると共に、心身共に活性化されているのです。それゆえ、子どもたちとの関わりは、日常での家や学校とはまた違った相互の肯定的な関係性が促進されていくことが見て取れるのです。それは、大人自身も〝心がほぐれる〟ことで気持ちに余裕やゆとりができ、子どもとの接し方において寛容さや優しさ、前向きな言動をする傾向となって、より創造的な関わりが発現していくからだと思われます。

そのような子どもと大人の発展的な関わり合いにあっては、子どもたちの心理的な安全・安心が一層促されて、より〝心がほぐれて〟、多くの笑顔と共により活発化していくのです。そして、大人もその子どもたちの微笑みに接して、一層喜びや安らぎを感じたり元気をもらったりする＝〝心がほぐれていく〟といった好循環が生まれていく様子がうかがえます。

このように、自然に触れてつながる体験をしていくことは、子どもにとっても大人にとっても、〝心をほぐす〟ことに通じ、さらには人間が生来持つ生きるエネルギーを引き出し、心身の包括的な活性化を促していくことが期待できるのです。またそのような状態は、平和で調和した場がそこに生み出されていくという観点からも有意義なことだといえるでしょう。

文献

(1) 小森伸一『体験活動はなぜ必要か―あなたの可能性を引き出し人生を輝かせるために―』東京学芸大学出版会、二〇二二

(2) Fredrickson, B. L. (2001). The role of positive emotions in positive psychology: The broaden-and-build theory of positive emotions. American Psychologist, 56(3), 218-226.

第5章

「好き」を大切にする教育

最後の章では、私たちの「特定分野に特異な才能のある子どもへの支援」の原点とも言うべき卒業生（Uさん、現在は中学三年生）に鼎談相手として登場してもらい、彼の小学校時代の生活をふり返りました。それは、私たちにとっては彼の「好き」を大切にする時間でした。そして、その内容を受けて、改めて鈴木と佐藤で『好き』を大切にする教育」について次節で語り合いました。自分たちが「アンロック・ラーニング」という試みに、どこまで到達したかを確認すると共に、どこを目指すのか、について考えます。

〔1〕卒業生との対話

● つらさを抱えていた小学校時代

鈴木：今、中学校ではどんなことをやっているの？

Ｕ　：学校外の活動が一つあって、企業の方と協力してＡＩの研究をしています。学校の探究学習の一環としてＡＩを学ぶ、というのがあったのですが、そこで知った会社に見学に行ったのです。そのときに「僕はＡＩやりたいんです！」って言ったら何か一緒にやらせてもらえることになって。

鈴木：ＡＩで何をしようとしているの？

Ｕ　：表情を読み取って、感情まで読み取りたいのです。四つの基礎的感情、悲しみとか泣いたり怒ったり笑ったりとか、その感情を視覚化して数値で表して、というのをやりたいのです。

鈴木：凄いねぇ。小学校の頃はパソコンクラブでの発表が思い出深いけどね。覚えている？
Ｕ　：何やっていましたっけ？
鈴木：Scratch（プログラミングツール）で自分の好きなゲームのシミュレーションをしていたよね。
Ｕ　：ああ、やっていました。
鈴木：重すぎてなかなか起動しないという、Scratchではあまり見たことのない光景が見られたな。ＡＩ以外に何かある？
Ｕ　：プレゼンで無双しています。
鈴木：へー！
Ｕ　：五、六年生の頃、授業でかなりプレゼンやっていたじゃないですか。あのときにプレゼンの技術を鈴木先生から教わったので、あれを使うと中学校では無双できています。学年一位を取りまくっているって感じですね。
鈴木：何がそんなに強いの？
Ｕ　：自分ではほかの人と比べてまず緊張が顔に出ないっていうのが強いですね。
鈴木：なるほど。
Ｕ　：人とのコミュニケーションっていうのがちょっとうまくなりました。自分で認識して人と話していく上で全員味方にしてみたいな感じで、自分の味方を増やしていったら一位を取りまくったって感じですね。

鈴木：なるほどね。逆に言うと、今「コミュニケーションがうまくなった」と言ったでしょう？　前はあまりうまくなかったなとか思う？

U　：はい、思います。語彙力がなかったり自信が持てなかったりっていうのも一つだと思うんですけど。

鈴木：自信が持てなかったのっていつ頃？

U　：五、六年生ですかね。

鈴木：え、でもその頃ってクラスの中で確固たる地位を築いていたと思うよ？

U　：うーん、でも自分では不安定でしたね。聴覚過敏のこともありましたし。

鈴木：学校ってうるさいものね。

U　：一対一ならいいのですが、教室ってうわーってすごい音がしているじゃないですか。あれがつらかったです。今もつらいです。

鈴木：今はどうしているの？

U　：つらくなったら図書館とかに避難しています。あと、ノイズキャンセリングイヤフォンをしています。最近のはすごく性能がいいですね。

鈴木：そうかぁ。授業はどうだった？　休み時間とかに比べたら、いっぺんに話している人の人数は少ないと思うけれど。

U：でもおしゃべりしている人もいるじゃないですか。そうするともうダメですね。

●神対応のブレイクアウトルーム

鈴木：二年生のときにレゴでプログラミングをしたの、覚えているかな？
U：覚えています！　まあ、僕はあのときはプログラミングよりもレゴで何かを組み上げることの方が嬉しかったんですけど。
鈴木：プログラミングにはいつから本格的にハマっていたの？
U：家では二年生くらいからやっていました。中学年の頃は外のプログラミング教室でやっていましたが、それもプログラミングよりはロボットを組み上げるとか、そっちの方が楽しかったですね。
鈴木：高学年では……。
U：Scratchをかなりやっていました。ただ、凝りすぎて重くなって嫌になっちゃったんですよね。家にある割と性能のいいパソコンでも起動に五分以上かかっていましたからね。
鈴木：凝りすぎなんだよ（笑）。
U：高学年のときのことだと9×2＝18作戦の方が覚えていますね。
鈴木：懐かしい。コロナのときだよね。

U：コロナで分散登校で一日おきにしか登校できなくなったときに、先生が「学校に来られない日もTeamsで繋げば授業はできる。」って言って。

鈴木：学校にくる日が9日、来ないけどオンラインで授業する日が9日で……。

U：9×2＝18作戦。

鈴木：オンライン授業ってどうだったの？

U：不思議でした。画面の中で人が動いていて。

鈴木：まあね（笑）。

U：でも、聞きやすかったんですよね。余計な声が入って来ないから。

鈴木：誰かが話しているとき、他の人は話さないものね。

U：そうなんです。それがすごく快適でした。

鈴木：教室でも話し合いをするとき、全員にオンライン会議に入ってもらって、その後ブレイクアウトルームに分けてやったりしていたけれど、あれも良かったのかな？

U：あれは神対応ですよ。ブレイクアウトルームで話していると、自然に「次は君の番、その次は僕の番」みたいなのが決まって、それ以外のときに他の人の声が聞こえないんですよね。あれはすごく聞きやすかったです。

鈴木：それは普通の教室での話し合いとは全然、違っただろうね。

U：プレゼンを画面共有しながら話していましたからね。そういうことを色々とやれるパソコンだったのも良かったです。

鈴木：それはどういうこと？

U：今、使っているタブレットなんですが、本当にタブレットだけなんですよ。キーボードもなくて。

鈴木：使いづらい？

U：使いづらいというか、思った通りのことができないというか。

鈴木：なるほどね。

U：あと、あれは良かったな、と思うのが山を見る時間ですね？

鈴木：え、山？

U：ずっとタブレットを見続けていると良くないからって、体操したり遠くを見させたりしたじゃないですか。

鈴木：あ、その山ね。

U：だから小学校のときは目が悪くならなかったんですよ。中学に入って、誰も止めてくれる人がいなくなったら際限なくやるようになっちゃって。

●自分を出せた保健室

鈴木：ちょくちょく保健室に行っていたよね。あれって何を話していたの？

U　：やっぱり色々と大変だったので、佐藤先生とスクールカウンセラーの迎先生にアドバイスをもらっていました。

鈴木：そうだったんだ。

U　：お母さんは今でも鈴木先生、佐藤先生、迎先生には感謝していますね。僕に合っていない勉強法を押し付けるとストレスでしかないということを教わって反省したって。

鈴木：反省しているんだ？

U　：反省して、必要な機器、例えばノイズキャンセリングイヤフォンとかをパッと買ってくれるようになりました。

鈴木：それはなかなかの反省だ（笑）。

U　：にこにこルームもよく行きましたね。

鈴木：覚えている？

U　：トランポリンとかボールプールとか。五、六年生のときも行きたかったんですが、ほかにもっと必要としている子がいたので遠慮していました。

鈴木：佐藤さん、彼について覚えていることって何がありますか？
佐藤：色々なフォントを見てもらったときがあったけれど、ＵＤ体の割と太めのものがいいって言っていたよね。
Ｕ　：明朝はダメなんですよね。太さが変わる字はダメでした。
佐藤：あと、マイクラ（Minecraft）にはまっていたよね。「昨日、八時間やりました」とか言っていたよ。
Ｕ　：八時間は盛りましたね（笑）。でも、確かにマイクラ好きでした。２Ｄより３Ｄの方がいいみたいです。
佐藤：マイクラの話になると色々話してくれたし、そこを通してＵ君がどんなこと考えているかよくわかったな。
Ｕ　：マイクラ、好きでしたからね。
佐藤：そこはさっきのプレゼンと通じるところがあるね。
Ｕ　：好きなことは頑張るんですよ。
佐藤：好きなことをちゃんと見つけて頑張っているんだよね。そこは昔から変わらないのかな。
Ｕ　：それはそうですね。ただ、あの頃は自分の考えを表に出すことが少なかったな、と思います。
佐藤：Ｕ君、優しいから、こんなこと言ったら相手が傷つくんじゃないか、と考えてのみ込んじゃうんだよね。

U　：今、真逆ですね。毒を吐いちゃいますから（笑）。

鈴木：そこは恩師の教えをちゃんと守っているじゃない（笑）。

佐藤：言えるようになったんだね。

U　：そうですね、そこは成長したな、と思います。

2 アンロック・ラーニングを目指して

●保健室が担える役割

鈴木：U君へのインタビュー、どうでしたか？

佐藤：全体を通してわかったのは、やはり彼の中に「自分が安心できた」とか「自分がこうできた」という感触がすごく残っているのだな、ということですね。逆に大変だったこととか、もっとこうして欲しかったとか、そういうことが出るのかなと思っていたのですが、どうやらそこまで振り返る余裕もなかったというか、本当に毎日必死で学校に来てくれていたのだな、というのを改めて感じました。

鈴木：本当に六年間、学校によく来られたと思いましたね。聴覚過敏の話なんかはわかってはいたけれども本当につらかったんだな、と改めて思うと「頑張ったね」という気持ちがしますね。

佐藤：聴覚過敏のことも、周りがうるさいと、周りの音以上に大きい声を自分が出さないと認識できないっていう状況がありました。ですから、実は「バスの中でうるさい子がいる」という苦情もあったんですよね。そういうつらさって目に見えないから、私たちはずっと忘れちゃいけないな、と思いました。

鈴木：それでも彼が学校に来られたのは、支援もあったけれど、やはり彼は自分の好きなことを追求することができる子だったんですよね。

佐藤：それは大きいですね。あの二年生の頃のレゴを覚えていましたものね。にこにこルームに来ていたのもちゃんと覚えていましたし。彼は「自分の好きを追求したい」と思える人でしたね。

鈴木：それを阻害されたときにちゃんと助けてって言えたのもよかったのでは？

佐藤：保健室に苦情を言いにくること、よくありましたね。

鈴木：想いを受け止めてくれる場があるのは大きかったと思います。

佐藤：保健室は、そういう言葉を受け取りやすい場所ですね。教室で担任の先生に苦手な部分とかネガティブなことを言うのは、かなりハードルが高いですから。

鈴木：私は彼を一、二、五、六年生と担任しましたが、彼が困りごととか苦情とかを私に自分から言えるようになったのって六年生の終わり頃だったと思います。私が嫌われているわけではないのはわかっていましたが、やはり担任には言いづらいところはあったのでしょう。

そういう中で彼を受け止めてくれる保健室があって養護教諭がいるということは、担任としては本当にありがたいなってずっと思っていました。

佐藤：ありがとうございます。保健室は学校の中では気軽に利用できる場所ですからね。

鈴木：どこの学校にもありますしね。

佐藤：もちろん保健室だけでなく、自治体の方で何かしらいい2.5プレイスが作られているといいですね。

鈴木：そういう動きも徐々に広がりつつありますが、それはやはり今の子どもたちのことを思うと必要な施策なんじゃないかなと思います。

佐藤：校内に教育支援センターが設置され始めているのですが、そこにはそのために雇用された非常勤の先生がいらっしゃいます。今後はそういう役割を担っていくと思いますが、子どもからするとそこに行かないと会えない先生で、初対面になることもある。それに対して保健室は健康診断や、ケガや病気で普段から関わりがあるし、養護教諭はいつもいる人なので、そういう意味では一番ハードルが低いのかなと。

鈴木：なるほど。

佐藤：逆に言うと校内教育支援センターの先生も、子どもが教室に行けないとかそういうことが起こる前にいろんなことで関わりを持つ機会があれば同じような場所になるんじゃないかな、と思います。

●見方を変える、素材を変える

鈴木：彼みたいな特定分野に特異な才能はあるけれど、学びに困難を抱えている子の学びを何とかしようという試みを私たちはやってきたわけです。しかし、いつも難しいなあと思うのは学校教育ってどうしても枠があるじゃないですか。もちろん枠があるからこそ、その中で協働的に学ぶことができるとか、大切な部分も大きいわけだけれど、その枠に子どもたちをフィットさせようと思うとうまくいかないことがありますよね。

佐藤：ありますね。だから学校の方がどうその枠を変えて、困難を抱えている子どもも学べるような枠に変えていくことができるかっていうあたりは課題ですね。

鈴木：四尾連湖はかなり枠が変わりましたよね。

佐藤：変わりましたね。変わったことを私たちも実感して、子どもとの関わりを見直すことができました。

鈴木：子どもたちにしたいことをさせる、子どもたちもしたいことをする、という状況の中で子どもを見ると、普段学校で見ているとすごく困る人が別に全然困って見えない。

佐藤：ただただ面白い子、ユニークな子に見える。

鈴木：そう、だから東京に戻ってきて見方が変わった子もいました。私との関係も変わったし、本人も学校の中での楽しみ方を見つけていった子もいました。逆に東京に戻ってきて違和感を持つ子もいました。「四尾連湖では生き生きしていたのに学校ではなんでそんな暗い顔をしているの?」みたいな子も。でも、それって、何でもかんでも四尾連湖に連れていけばいいということではないですよね。

佐藤：私たちがちょっと子どもの見方を変えるだけで随分変わるんじゃないのかなっていうことは思いましたね。どうしても学校は「安全」が先に立って、できるだけ子どもたちにリスクを与えないようにという視点で枠組みを決めているわけですよね。「危険なことをするかもしれないから、もうちょっと厳しくしよう」となりがちです。でも、それって実は子どものことをちゃんと信頼しようとか、そういう関係を私たちが作れていないのではないかな、とも思います。

鈴木：四尾連湖は枠を小さくするどころか限界まで広げましたね。一方、地上絵の授業。あれはちゃんと算数のカリキュラムの中にある単元の学習になっています。そういう意味では枠の中なのですが、子どもたちは非常に楽しんで、かつかなり実践的に「倍の数」を学んだ。枠はあるのだけれど、枠の素材を変えるようなイメージでしょうか。

佐藤：素材の変わった枠の中でしっかり算数の学習をしていました。途中で遊び出したりとかしちゃうかなと思っていたのですが、みんな真剣に取り組みましたよね。

鈴木：枠の素材を変えるというのは、つまりは教科書とノートと鉛筆でやっていたものをグラウンドでナスカの地上絵でやってみる、ということですよね。

佐藤：測る位置を間違えて、石灰で線を引いてしまったグループがありました。グループの子たちで、どこが間違っているのか、正確に書くためにどの道具を使うとよいのかなどを話し合ったり、また書く前にみんなで確認したりするなど、自然と協力しながら修正していました。それだけ「みんなと一緒にあの絵を完成させたい」というモチベーションが高かったのでしょうね。

鈴木：あの授業においては例えば算数がすごく得意だったり、ナスカの地上絵が大好きだったりといった特定分野に特異な才能のあるような子はもちろん楽しむわけだけれど、「これを書きたいんだ」という強い思いを子どもに持たせるような授業は、特に特定分野に才能がなくても、あるいは算数にすごい困難を抱えているような子でも一生懸命取り組む、そしてわかっていくということが可能なんだな、と非常に勉強になりました。

佐藤：身体性を伴うことで理解を深めていく、というのが多くの子にフィットする授業だったのでしょうね。

●生成AIの持つ可能性

鈴木：身体性ということで言うと、真逆の位置にあるのがAIなのです。ところがあれはあれで授業の中に持ち込むと色々な可能性が見えてきます。ＡＩが出してきた答えをきっかけに非常に考えが深まることはありますね。

佐藤：絵の授業でもそれは言えると思います。

鈴木：人間が描いた絵の方をパッと見せたときすごい歓声が上がりましたよね。他方、大型ディスプレイに表示されたＡＩの絵は大きく出たし迫力もあったと思いますが、それに対してはとても冷静な受け止め方でしたよね。

佐藤：身体性がなくて意思があるわけでもないＡＩを授業に持ってくることが、実は「人間って何だろう」という人間の特質に迫る学びに子どもたちを導いていましたね。「人間の画家は絵に思いを込めるけれどもＡＩはただ描いているだけ」と言った子がいましたが、そこまで見抜きますからね。

鈴木：画家が「絵を修正してください、と言われたらどうしますか?」という質問に「想いを込めて描いた絵なのでお断りします」と答えたのは衝撃的でした。ＡＩは何回でも書き直すけれど、人間の画家は断ることがある、というのはね。

佐藤：子どもたちも「自分が良いと思ったものはそれでいいんだ。人に批判されても自分が良いと思った事は大切にしてよい。」というような、そういう価値観を肯定されたような時間だったんじゃないかなと思います。

鈴木：そういう意味では特定分野に特異な才能はあるもののいろんな形で学びに困難を抱えてい

る子たちへの応援になるような授業だったかなという感じがしました。

●何をアンロックすべきか

鈴木：この書籍では、特定分野に特異な才能のある子どもへの支援をテーマにしているわけです。それ自体は新しいテーマですが、実は今までずっとやってきたことの延長線上にあるな、というのを感じています。私は二〇一七年頃からしか関わっていないけれど、その前からインクルーシブ教育システム構築モデル事業などに取り組んで来ているわけですよね。その積み重ねの上に今があるんだなと思いますね。

佐藤：様々な困難を抱えるお子さんたちと関わる中でもどかしいのは、学校はどうしても評価がつきまとう場所じゃないですか。でも、その評価の枠組みだけだと評価しきれない子どもの良さだったり課題だったりっていうのがあると思うのです。

鈴木：色々な子がいますしね。

佐藤：すごい才能を持っているのに評価されない、大きな興味を持って自分で勉強しているのに学習過程に適応しないために評価されない、そういった面があるのは否めません。その結果、自分はだめなんだと自分を責めてしまうお子さんもかなりいます。つまり、学校の中だけでこの問題を抱えていたら解決できない。となると外部の専門の先生とつながるとか、自分が興味あることを生かせる場所を作っていくことが大切でしょう。

鈴木：ただ、学校で自信を失くした子が外に向かうのって難しくないですか？

佐藤：難しいです。そういう子にこそ、「あなたが大事にしていることがあなたらしさで、そういうあなたらしさを持っていることがとても大事なんだよ」ということを、学校で身近にいる人が認めてあげることが大切です。一番効果があるのは担任の先生だと思います。一番認めてほしい存在ですからね。

鈴木：ドキッとします。

佐藤：最初は養護教諭、用務員さん、管理職とか教室から遠い場所にいる人でいいのです。そういう人たちに認められて、ちょっと勇気が出てきたら「これ先生に見せてみようよ」って言うのです。すると最終審査みたいな感じなんですけど担任の先生のところに行くんですね。それで先生が認めてくれたときの子どもの喜びはかなり大きなエネルギーになります。だから担任の先生の存在ってすごいなって思います。

鈴木：責任重大ですね。重大なのですが、今は正直、学校の先生たちって余裕がないじゃないですか。そういう中にあってどうすればいいのかわからないと思っている先生たちがやっぱり一番つらいのだと思うのです。

佐藤：そういう先生たちに「こうすると、ちょっと子どもの見方が変わりますよ」とか「こんな授業をすることで、その子も伸ばせるだろうし周りの子たちにも良い影響がありますよ」

というような発信は大切ですね。

鈴木：この本もそこを目指しています。

佐藤：例えば学校ってみんなの前で挙手して発表するとか、最近だとみんなの前でプレゼンすること等、アウトプットの機会が増えていると思うのですが、鈴木さんは色々なハードルをＩＣＴを使って下げていますよね？

鈴木：Ｕくんにも「話し合いでブレイクアウトルームを使うのは神対応」って言われましたね。

佐藤：鈴木さんの授業では、全員にオンライン会議に入らせて、その後、ブレイクアウトルームに分けて話し合わせるようなことをやっていましたよね。そうすると、人前で発表することなんて五年間、ほとんど見たことがない子が、流暢に語っていて本当にびっくりしました。

鈴木：確かにＩＣＴって使いようだな、と思います。それはＡＩも含めてですが、もっと探っていかなくちゃいけないという感じですね。

佐藤：そうですね。子どもたちも使っていく中で「これは自分にフィットする」とか「こうしたらもっと使いやすい」と考えます。そういう意味で、やはり日常的に使える環境作りは必要不可欠ですね。

鈴木：タブレットを自由に使わせるとどうなってしまうか心配、学級経営がどうなってしまうか心配、というようなことがあるかもしれませんが、いい意味で「諦めましょう」と思います。

佐藤：「諦める」だと言葉が強いかもしれません（笑）。この本の中にも何回か出てきていることですが「子どもに委ねる」いうことは大事なのではないかな、と思います。

鈴木：委ねることで、その子どもが自分で学び方を決めるとか自分の決めた学び方だったらしっかりやるとかになりますからね。

佐藤：そこは線引きをハッキリされていますよね。相手を傷つけることとか命に関わるような危険なことはダメだけれど、そうでなければ生命の危険なく安心して失敗できる場であるべきだとされていませんか？

鈴木：そう思っていますね。色々やらかしますよ、私のクラスの子たちでも。でも、お互いの信頼関係が築き上げられていれば、それは何とでもなります。怒り心頭で対応してしまったら……それこそ特定分野に特異な才能のある子はつらいでしょうね。

佐藤：そうですね。自分は本当はこれがやりたいのに、それを我慢して教室にいるのにこんなことを言われるのか、というようになったら教室にいるのがつらくなってしまいます。

鈴木：ちょっと話がそれるように聞こえるかもしれませんが、本校は大人に対して、ああしちゃダメこうしちゃ駄目というのが少ないじゃないですか。

佐藤：少ないと思います。

鈴木：そういう柔軟さがなくなって、ああしちゃだめこうしちゃダメというのが増えてしまうと、結局子どもにもそういうことを求めてしまうのかな、と思います。私たちは子どもたちを自分で考えて自分で決められる子に育てたいと思っているわけだけれども、その子たちを導いていく先生たちが自分で考えることを抑えられて自分で決めることを許されていないんだとしたら、そんな教育は無理ですよね。

佐藤：無理ですね。だから先生たちの裁量範囲を広げるということが教育政策的には結構大事なんじゃないかと思います。そういう意味では管理職に期待するところもかなり大きくなりそうですよね。

鈴木：この国の教育については色々と言われますけれども、基礎的なレベルは高いと思います。学校の先生たちもちゃんと勉強して実力のある人が多いと思います。ただ、それを充分に発揮できないような環境になっているところがあると思うのですね。

佐藤：もう少しこの国全体で変えられたらいいですね。特定分野に特異な才能があるけれども学校ですごく困難を抱えている子どもたちの学校生活も随分変わるのではないかな、と思います。

鈴木：確かに先生たちの中でも特定分野に特異な才能を持っている方っていっぱいいらっしゃいますよね。

佐藤：先生自身の仕事も「アンロック」されるといいわけですね。

鈴木：大人も子どももこれからは「アンロック・ラーニング」です！

あとがき

「いつか小金井小でギフテッドの支援をやりたいのです！」

第1章でも書きましたが、たしか二〇一七年に佐藤さんがつぶやいたこの一言がすべてのスタートであったように思います。

それからＩＣＴ×インクルーシブ教育の試みがスタートし、学習者用デジタル教科書を活用した学習支援、コロナ禍でのオンライン授業、2.5プレイスとしての保健室というコンセプトの確立、生成ＡＩの授業活用など、さまざまな取り組みを進めてきて今に至るわけですが、その歩みは幸運に恵まれたものであったと言わざるを得ません。

何が幸運だったか。私たちを応援してくださる方々との出会いが、です。

まずは、長く私たちのプロジェクトを見てくださっている藤野博先生。私と佐藤さんの間では「困ったときの藤野先生」という合言葉があるのですが、私たちが「これはどうしたらいいだろう」と悩んでいるときに示してくださる指針にいつも助けられています。

中川一史先生には、私が二〇一七年に行った校内研究授業で講師をお願いして以来、何度も授業を見ていただいています。その度に大きな学びを得られているのは非常に贅沢なことと言わざるを得ません。

長く見ていただいていると言えば、狩野さやかさんもそうです。コロナ禍における私たちの取り組みを書いてくださった記事は伝説級に素晴らしいのですが、そうした記事の中で、いつもインクルーシブ教育の視点を汲んでくださっているのが本当に嬉しいです。

加瀬進先生には、文部科学省に提出する申請書の作成から大変お世話になりました。しかし、それ以上に、軽妙な雰囲気でお話しくださる中でいつも大切なことに気づかせてくださるのが本当に勉強になっています。ワインについてもかなり勉強させていただいています。

その加瀬先生が繋いでくださったのが小林晋平先生でした。宇宙の授業も地上絵の授業も、どちらも子どもたちに大きなインパクトを与えるものになりましたが、まず何よりも小林先生のインパクトが大きかったのは間違いありません。

実は本校のスクールソーシャルワーカーでもある宮下佳子先生には、普段から(ちょっと書籍には書けないようなことも含めて)大変お世話になっているのですが、この書籍でも素晴らしい解説をご寄稿いただきました。

小森伸一先生は東京学芸大学の教授であると共に、附属小金井小学校の校長でもあるのですが、いい意味でまったく校長らしくない方です。Likes & Freeでは専門分野のノウハウを生かして大活躍でしたが、自由に活動する子どもたちを温かく見守る姿がとても魅力的でした。

しかし、一番の幸運は、一人一人の子どもたちとの出会いです。特定分野に特異な才能があるかないかにかかわらず、どの子どもにも掛け替えのない価値があります。あなたはあなたらしくいればいい。あなたが追求したい「好き」を思う存分、追求してほしい。そう願ってこの仕事に取り組めていることは、何よりも大きな幸運です。

先日、保健室で、３Ｄプリンターが出力したオブジェを愛おしそうに眺める子どもの姿を見ました。その子自身がアプリを操作して設計したものなのだそうです。その嬉しそうな、純粋な眼差しを見ていると、どんなに苦労を抱えている子であっても、子どもは大きな可能性を秘めた存在なのだということを思い出させられます。

「人はみな善くなろうとしている」

私が学生の頃に読み漁った村井実の教育哲学の基盤にはこの言葉がありました。「善くなろうとしている」営みを支えるのが教育であり、その教育を効率的に広く進めるために整備された装置が学校なわけですが、それがフィットしない子どももいます。

ならば、子どもの学びを解き放つ手立てを打てばいいのではないか。枠を緩めてあげる。枠の形を変えてあげる。色々な方法があるだろう。個別支援ですべきこともたくさんあるけれど、一斉授業の中でできる工夫だってあるだろう。

そうした考えのもとで進めてきたさまざまな試み（リンク先のムービーをご覧ください）が本書の根幹をなしています。実践を進めながら浮かんできた言葉が「アンロック・ラーニング」でした。

この本をお読みになった方が、ご自身が相対している子どもの学びについてのヒントを得ることができたら、こんな嬉しいことはありません。

最後になりましたが、本書を世に送り出すにあたり、素晴らしい表紙イラストを描いてくださった川﨑智子氏、企画当初よりご尽力いただきました金子書房編集部長の加藤浩平氏に、著者を代表してお礼申し上げます。

二〇二五年一月

鈴木秀樹

プロジェクト紹介動画「Unlock Learning　特定分野の才能への支援は、すべての子どもの学びに繋がる」
https://youtu.be/K50P4YDEh6I

【執筆者紹介】

鈴木秀樹（すずき・ひでき）　東京学芸大学附属小金井小学校 教諭　【担当】第1章、第2章、第4章、第5章

佐藤牧子（さとう・まきこ）　東京学芸大学附属小金井小学校 養護教諭　【担当】第3章、第4章、第5章

藤野　博（ふじの・ひろし）　東京学芸大学教職大学院 教授　【担当】第1章解説

中川一史（なかがわ・ひとし）　放送大学学園次世代教育研究開発センター長／放送大学 教授　【担当】第2章解説

狩野さやか（かのう・さやか）　株式会社Studio947 教育ICTライター　【担当】第2章解説

加瀬　進（かせ・すすむ）　東京学芸大学人文社会科学系社会科学講座 教授　【担当】第3章解説

宮下佳子（みやした・よしこ）　東京学芸大学附属学校・園 スクールソーシャルワーカー　【担当】第3章解説

小林晋平（こばやし・しんぺい）　東京学芸大学自然科学系物理科学分野 准教授　【担当】第4章解説

小森伸一（こもり・しんいち）　東京学芸大学芸術・スポーツ科学系健康・スポーツ科学講座 教授　【担当】第4章解説

【編著者紹介】

鈴木秀樹（すずき・ひでき）

東京学芸大学附属小金井小学校教諭。慶應義塾大学非常勤講師。慶應義塾大学大学院社会学研究科教育学専攻修士課程修了。私立小学校勤務を経て2016年より現職。著書に『ICT×インクルーシブ教育 誰一人取り残さない学びへの挑戦』（明治図書）など。

佐藤牧子（さとう・まきこ）

東京学芸大学附属小金井小学校養護教諭。東京学芸大学大学院教育学研究科修了。私立高校勤務を経て、2004年より現職。校内では特別支援教育コーディネーターを兼務し、ICTを活用したインクルーシブ教育や不登校支援に取り組む。

Unlock Learning
特定分野の特異な才能への支援は、すべての子どもの学びにつながる

2025年2月26日　初版第1刷発行　［検印省略］

編著者　鈴木秀樹
　　　　佐藤牧子
発行者　金子紀子
発行所　株式会社金子書房
〒112-0012　東京都文京区大塚3-3-7
TEL　03-3941-0111㈹
FAX　03-3941-0163
振替　00180-9-103376
URL　https://www.kanekoshobo.co.jp

印刷／藤原印刷株式会社
製本／有限会社井上製本所
装幀・本文組版／mammoth.

ISBN 978-4-7608-2192-1　C3037
Printed in Japan